# 次世代への決断

宗教者が〝脱原発〟を決めた理由

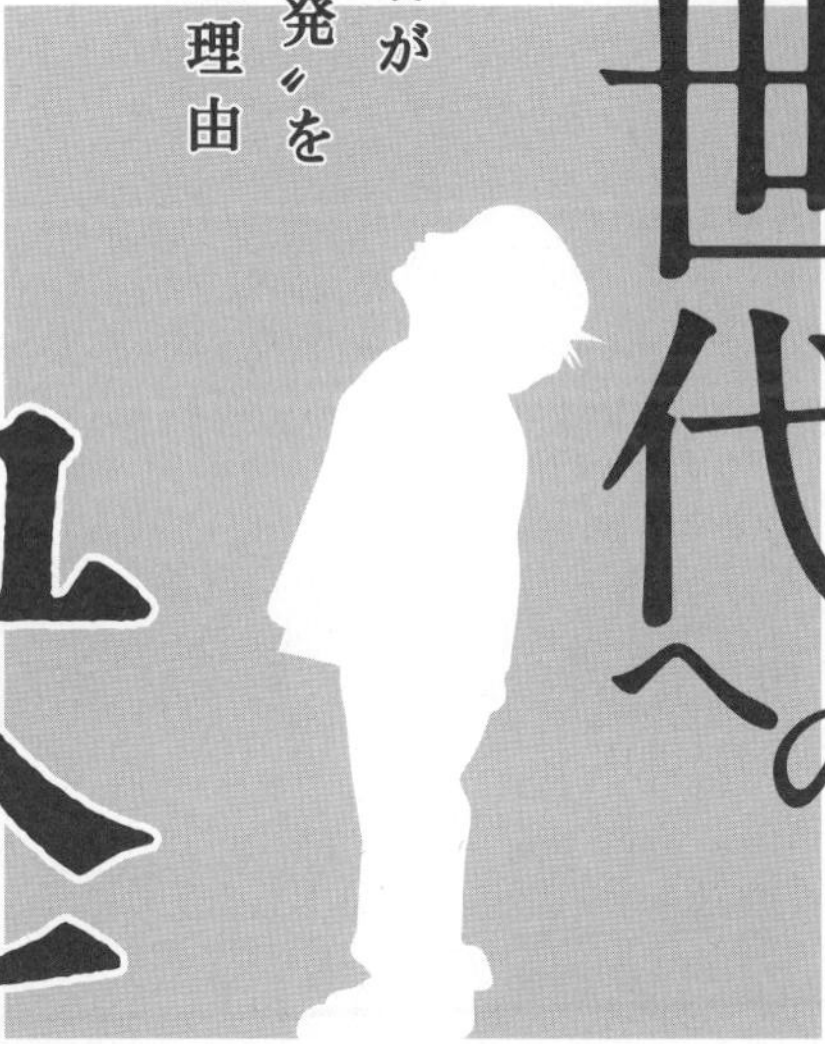

谷口 雅宣
Masanobu Taniguchi

生長の家

# はしがき

二〇一一年も終わろうとしている師走の朝に、本書の締めくくりとしてこの文章を書いている。この年は、とてつもなく大きな出来事が続けざまに起こったとの感想をもった人は、私だけではあるまい。

一月早々から、大方の専門家の想像を超えて、中東と北アフリカの諸国で〝アラブの春〟と呼ばれる〝民主革命〟が次々と起こり、それが現在も続いている。「民主革命」と書くと聞こえはいいが、長期独裁政権が倒れた後に民主主義にスムーズに移行することは、歴史的にもごく稀《まれ》だ。だから、エジプトを始め〝アラブの春〟を経験した国々では、政情不安や流血が今もなお続いている。三月には東日本大震災が起こり、大津波で破壊された原子力発電所は九カ月後の今、やっと応急処置をすませたところで、最終的な修復と無害化には最長四十年かかるとされている。七月には紀伊半島を台風12号が襲い、山々の斜面で「深層崩壊」と呼ばれる深い山肌の崩壊が起こるなど、深刻な洪水被害が出た。これらの大地震や洪水など〝自然災害〟によるこの年の犠牲者数は、日本の近代史の記録を塗り替えるものだった。

このあと、東南アジアのタイでも長い大雨により大洪水が発生し、多くの人命が失われたのはもちろん、世界の製品供給が大きく混乱した。十二月に入ってからも、台風21号の大雨によってフィリピンが甚大な被害をこうむっている。このほか、経済の分野では、ヨーロッパの信用不安が世界の投資家を震撼させており、国際政治では北朝鮮の金正日総書記の急死で、日本を含む東アジア情勢は緊迫している。

地震や台風などによる大きな災害は、毎年のように起こる。だから、これらを〝自然災害〟と考え、半ば諦めて生きることもできるかもしれない。しかし、世界人口が七十億人を超え、人類のエネルギー消費量が膨大になっている現在、地球温暖化など人間の活動による自然への影響は決して無視できない。このため、世界の指導者は人間の活動に一定の制限を加えることで、将来の気候の激変とそれにともなう食糧生産への悪影響を最小限に抑える必要性には気づいているだろう。

しかし、必要に気づくことと、その必要に応じた対策を実行することとは別のことである。この十二月に京都議定書に続く温暖化対策を話し合った国際会議においても、恐らくすべての参加国の代表者たちは対策の「必要性」を知っていたはずだ。にもかかわらず、今後の対策をどう実施するかについて、ほとんど実質的な合意ができなかった。温室効果ガスの排出削減が必要なことを全員が認めていても、それをどう実行するかの段階で、自国の利益に固執して合意に至らなかったのである。

私はここに、喫煙家がタバコをやめる必要があることを知りながら、禁煙できないでいるのと似た関係を想起する。我々はよくこれを「中毒現象」と呼ぶが、仏教では「業《ごう》」という言葉で説明される。ひと言でいえば、人間は〝習慣の力〟に強く影響されるということだ。繰り返して行われてきたことは、将来に向かっても同一方向に繰り返される力をもつのである。特に、その方向が自分の目先の利益にかなっているように見える時、習慣の力は我々の理性を曇らせ、問題の全体像を見えなくさせてしまう。

この〝習慣の力〟がどんなに強力であるかを、私は最近の地球温暖化交渉の報道の中で感じただけでなく、各国のエネルギー政策、とりわけ原子力発電をめぐる態度に感じている。東日本大震災による東京電力福島第一原子力発電所の事故で、早々と〝脱原発〟を決めた国がいくつも出たが、その一方で、原発を新たに導入したり、原発への依存度を高める動きをしている国々もある。私は本書ではっきりと「脱原発」を訴えている。これは何も日本に限定したことではなく、人類の選択として原発の利用は間違いだと考えるからだ。ところが、原発を国策として推進してきた日本政府の態度は、事故後もきわめて曖昧である。国民に向かっては〝脱原発〟を志向するような言い方をしていても、産業界に対しては原発の輸出を奨励するような態度を示している。これでは二重基準《ダブルスタンダード》を使っていると言われても仕方がない。

原子力発電が抱える問題には、国境はない。このことは、福島第一原発の事故で我々は充分に知ったことではなかったか。大気も海も世界の共有物であり、それが放射能で汚染すれば人類すべてが、否《いな》、生物界全体が被害を受けるのである。そういう可能性を含むものを海外へ輸出することで、日本国民の健康や日本の国土の安全が向上するはずがないのである。しかし、十二月二十五日付の『日本経済新聞』は次のように報じている——

日立製作所など原子力発電プラント大手が新設計画の相次ぐ海外での事業を拡大する。日立は東南アジアで原発専門家の育成を本格化する。東芝は子会社の米ウエスチングハウス（WH）と組みブラジル進出を検討、米国には二〇一二年初めから技術者を派遣する。福島第一原発事故の影響で国内での原発新設は当面見込めない。各社は海外シフトを加速し、事業の継続と拡大につなげる。

ここに名前が出ている日本企業は、もちろん政府の一部門ではない。しかし、三菱重工とともに、これらの企業は自民党の長期政権下で、国策振興のために国内で先頭に立って原発の建設を進めてきた企業であり、かつ有力な経済団体の主要メンバーである。もちろん、行政機関との関係も深い。それらの巨大企業が国内の仕事場を失ったからといって、海外へ建設をシフトしても、原発の問題が消えるはずはないのである。否、技術力や政治の安定性、国際関係の影響などから考えても、原発の問題は輸出先でより深刻化する可能性が大きい。にもかかわらず、原発推進の動きが継続しているのは、人類全体の中での〝習慣の力〟すなわち「業力《ごうりき》」の強さを表している。

業力は一種盲目的な力であるが、人間には天与の宝である「理性」というものが存在する。喫煙には中毒症状をともなうが、それを理性によって振り払い、禁煙に成功した人の数は限りがない。私は、本書の読者が、人類のいま置かれている状況を理性によって正しく理解され、原発に依存する〝エネルギー中毒〟の生活から遠ざかる道へと、決然として歩み出されることを願ってやまない。それが、私たちの子や孫世代のための責任ある決断だと考える。そのような道の一つとして、本書では宗教的な立場から「自然の背後に人間以上の価値を認め、自然物に四無量心を行じる生き方」を提案している。

二〇一一年十二月二十六日

著者記す

# 次世代への決断——宗教者が〝脱原発〟を決めた理由

## 目次

はしがき

## 第三章　自然と共に伸びるために（講演録）

# 序章　人類の欲望が生んだ気候変動と原発

## 神・自然・人間の関係が逆転

　私は二〇〇七年に、祈りの言葉を集めた『日々の祈り』（生長の家刊）という単行本を上梓《じょうし》させていただいたが、この本には「神・自然・人間の大調和を祈る」という副題をつけた。そして、その理由について次のように書いたことがある――

　　現象としての現在の地球世界は、この三者が必ずしも調和していないし、場合によっては深刻に対立している。このことは、しかし今に始まったことではない。『創世記』の第一章には、天地創造をした神が自分の創造物を見て「はなはだよい」と讃嘆したことが書いてある。ところがそれ以降の記述を読むと、はなはだよかったはずの被造物のうち、まずヘビと人間が神の言いつけに従わなかったため、神は怒って人間をエデンの楽園から追放する。これ以降も、バベルの塔をつくることも含め、旧約聖書全体を通して、人間は繰り返して神の意思に反する行為をする。これに対し、神は洪水や疫病などの自然の力を使って人間を罰し、正しい道にもどそうとする。

この話は、もちろん聖書にある神話を含んでいるから、いわゆる〝歴史的事実〟ではないかもしれない。しかし、人類が近代化を達成する以前の神・自然・人間の三者の関係を象徴物語として見事に描いていると思う。つまり、神はまず喜びの表現として自然界を創造し、そのうえで自分の〝似姿《にすがた》〟として人間を造ったが、人間は自然の一部であるヘビとの関係を好み、神の意思に反する行動をする。それに対して神は、自然力を使って人間を罰し、善導しようとする——この物語の中での力関係は明白である。まず「神」がすべてのものの創《つく》り主《ぬし》として最大の力をもち、次に「自然」が人間を惑わすとともに滅ぼす力をもち、無力な「人間」は神の意思に従えぬまま、自然の猛威に怯《おび》えて、苦しみながら生きてきた。神―自然―人間という順番の力関係である。

ところが、そういう関係がやがて変化するように見えてくる。私の昔の文章をさらに引用しよう――

このような過去の三者の関係が、現代はだいぶ変化してきているようだ。過去においては神と自然は人間を圧倒していたが、その関係が逆転しつつある。人間は科学によって自然を研究し、その内部の法則を次々と発見した。そして、自然法則を利用して技術を開発し、それを人間の目的に使ってきた。当初は、生命のない物理科学的な自然の利用を進めていたが、次第に生物の利用を進め、現在は遺伝子操作によって、かつて存在しなかった生物を誕生させたり、人間自身の誕生の時期や可能性さえ操作できる技術を身につけた。また、極微の世界の原子を破壊したり、原子や分子の一つ一つを操作する技術も手に入れただけでなく、これら諸々の技術を駆使した活動によって地球の大気の組成まで変化させ、気候変動を起こしつつある。これらすべては「神のため」ではなく、「人間のため」として行われているのだ。

しかし、こういう人間の活動は、本当に「人間のために」なっているのだろうか？　人間は「神は死んだ」と宣言し、伝統的な宗教的価値を次々に否定し、生殖医療や、人間と動物が混ざり合ったキメラを開発して自然を〝神〟に対抗させている。が、これらに反対する人々の一部は、逆に「神のため」と称して大勢の人間の無差別殺戮を行う。これは一種の〝神と人との戦い〟ではないか？　それは「人間のため」であるはずなのに、当の人間は一向に幸福に近づいていないように見えるし、〝テロとの戦争〟の最中に、地球温暖化の進行による被害はどんどん拡大している——こんな見方ができるほど、三者の関係は不調和に見えるのだ。

私はここで、「人間」を頂点として、人間だけのための世界を構築しようとしている「人間—(神)—自然」という力関係を見ているのである。「神」の文字が括弧書きになっているのは、多くの人々にとって、神はもはや利用の対象としてしか存在価値をもたないように見えるからだ。

## 増え続ける温室効果ガス

先の引用文は、地球温暖化防止のために結ばれた世界初の条約である「京都議定書」が発効した二〇〇七年二月十六日のブログ[*1]に書いたものだ。それから五年がたち、本書を世に問う二〇一二年という年は、この条約の最終年度である。しかし、世界全体から排出される温室効果ガスの量は依然として増え続け、それに伴う気候変動は激化こそすれ、緩和する兆《きざ》しは一向に見られない。

二〇一一年十一月五日の『日本経済新聞』は、前年の二酸化炭素排出量の増加幅が過去最高となったことを、次のように報じている——

二〇一〇年の世界全体の二酸化炭素（$CO_2$）排出量は二〇〇九年に比べて

一八億八〇〇〇万トン増え、一年間の増加量としては過去最高の伸びを記録したことが三日、米エネルギー省のまとめ（速報値）で分かった。同省は日本の二〇一〇年の排出量を二〇〇九年比六・八％増の一一億三九〇〇万トンと計算、日本が排出する約一・七倍の量が一年間で増えたことになる。AP通信によると、排出量の増加は、今世紀末の平均気温が二十世紀末に比べて四度上がるとした「気候変動に関する政府間パネル（IPCC）」の最悪シナリオの想定を上回る勢いで、さらなる気温上昇の恐れも出てきているとしている。

この記事にあるIPCCの「最悪シナリオ」とは、私が前著『〝森の中〟へ行く――人と自然の調和のために生長の家が考えたこと』[*2]の中で、「ガイア理論」で有名なジェームズ・ラブロック博士（James Lovelock）の言葉を引用して、次のような結果をもたらすと紹介したものだ――

ラブロック博士は、自分のことを「楽観的な悲観論者」と呼ぶ。その理由は、人類は結局は死滅しないと思うからだという。しかし、犠牲者の数は想像をはるかにしのぐ。地球の平均気温が今世紀中に二度上昇すれば、大量の人間が死んで、十億人かそれ以下の数しか残らないという。四度の上昇では、現在の十分の一以下に減少するという。この主な理由は、食糧不足だそうだ。が、今回のような山火事や洪水、それに伴う伝染病による死もあるに違いない。このような人類の大量死は、過去の氷河期と氷河期の間にもあって、そのときの地上の人口はわずか二千人ほどだったという。二十一世紀においても最悪の場合、こういう状態が再来すると博士は警鐘を鳴らすのである。（『〝森の中〟へ行く』、一一六～一一七頁）

ラブロック博士の予想があまりにも悲観的だと思う人のために、別の予測を紹介しよう。イギリスの科学誌『ニュー・サイエンティスト』（*New Scientist*）は二〇一一年十月二十二日号で気候変動について特集記事を掲載したが[*3]、そこには「（大気中の二酸化炭素が）現在の勢いで増え続ければ、二〇六〇年代には地球表面の平均気温が四度上昇する可能性があり、この最悪シナリオより$CO_2$濃度がさらに上昇すれば、四度という値は過小の予測となるだろう」と書いてある。そして、「四度上昇」が地球表面をどのように変えるかについては、〝大まかな図〟として次のように描いている――

熱帯地域は拡大して、さらに湿度が増すだろう。その南北に広がる乾燥地域はさらに乾燥して、南北の局地方向に拡大する。そして、緯度の高い地域はさらに高温多湿となるだろう。

これでは大まかすぎて私たちの関心にあまり応えてくれないが、その理由は、地域的な細かい予測については、科学者の間にまだ合意ができていないからだという。しかし、同誌は可能性として次のようなことを挙げている。

西ヨーロッパを暖める働きをしているメキシコ湾流に異変が起こる。この海流の速度が減衰《げんすい》するか止まってしまえば、南半球の気温はかなり上昇し、アメリカ北東部とヨーロッパは寒冷化する。また、アジアからモンスーンがなくなるかもしれない。海面上昇の速度も正確には予測できない。温暖化により極地の氷床の融解が急速に起これば、私たちの子孫は劇的に変貌した海岸線に直面することになる。北極とグリーンランドの氷が融《と》けだせば、二一〇〇年までに海面は五〇センチ上昇すると見られ、これが世界中の氷床で起こると仮定すれば、海面上昇は一メートル以上になると考えられる。こうなると、深刻な影響を受けるのはツバルやモルディブのような島嶼《とうしょ》国だけでなく、ロンドンやニューヨーク、上海などの大都市であり、低地にあるオランダ、バングラデッシュ、アメリカのフロリダ州なども危険地帯となる。

## 世界各地で気候変動

今、世界中で温室効果ガスの排出が増加している背景には、先進国の排出削減努力が不十分な中で、〝新興国〟と呼ばれるアジアやラテン・アメリカ、ロシアなど人口の多い国々が経済発展を続けていることがある。このため、世界各地に気候変動が起こっている。二〇一一年九月十九日の『朝日新聞』によると、北極の海氷はこの年、史上二番目の小ささにまで融解した。日本にはこの年、台風12号のような大型化した熱帯低気圧が上陸し、記録的な豪雨を降らして紀伊半島などに甚大な被害をもたらした。この豪雨と温暖化の関係について、同じ年の十一月二十八日の『日本経済新聞』は次のように書いている――

国土交通省によると、紀伊半島豪雨で奈良県上北山村では降り始めからの総雨量が年間雨量の四分の三にあたる二四〇〇ミリを超え、崩落した土砂は戦後最大の約一億立方メートルに達した。日本気象協会の辻本浩史防災事業部長は「総雨量が二千ミリは記録的な大雨ではあるが、『想定外』とはいえない時代に入った」と警戒を呼び掛けている。

辻本部長は五月、台湾に約三千ミリの大雨をもたらした二〇〇九年の台風8号の調査結果を発表。地球温暖化の影響で、日本近海も台湾付近と同程度まで海面水温が上がり台風の勢力が衰えずに接近、大雨をもたらす可能性に言及していた。

台湾では、山が表面だけでなく深部から崩れ落ちる「深層崩壊」が頻発。辻本部長は「雨量が二千ミリを超えた時点で深層崩壊が発生した。紀伊半島でも同様だったようだ」と分析する。

また、インドシナ半島にも前例のない大雨が長期にわたって降り続いたため、タイ、カンボジア、ラオスなどで深刻な洪水被害が出た。特にタイ各地の被害は大きく、多くの日系企業の工場が長期間、操業不能に陥った。タイは国土の大半が低地にあるため、十月中旬には毎年のように洪水が起こるが、この年の被害は過去五十年で最悪と言われた。同国の北部や中部では七月から豪雨が続き、降雨量は例年より四割も多かった。これによってチャオプラヤ川下流にあるロジャナ工業団地、ハイテク工業団地など工業団地六カ所が浸水し、ホンダ、ソニー、ニコン、キャノンなど日系企業四一九社が操業停止などしたため、世界への製品供給が不足する事態となった。

日系企業が受けた被害も大きかったが、タイ国民やタイ経済に与えた打撃はさらに大きい。十一月二十八日までのタイ政府のまとめによると、洪水による死者は合計で六一五人にのぼったという。また、この日に『日本経済新聞』のインタビューに応じた同国のウィラポン・ラマンク復興戦略策定委員長は、今回の大洪水が森林伐採による国土の保水能力の低下と関係があると指摘した。

このほかでも、アメリカ北東部が十月末に季節外れの大吹雪に見舞われ、約一八〇万人が停電の寒い夜を過ごした。三〇センチ以上の積雪があったニュージャージー州では全域に非常事態宣言が出され、ニューヨーク州でも十三の郡に同様の宣言が出された。ニューヨーク市のセントラル・パークには三〜一〇センチの積雪があったが、これまでの最も早い積雪（三センチ以上）の記録は一八七九年十一月一日だったから、一三二年ぶりに記録が更新されたことになる。

さらに、十二月も半ばを過ぎてから、台風21号がフィリピン南部のミンダナオ島を襲い大量の雨を降らせたため、鉄砲水や洪水によって六百人以上が死亡し、多数の行方不明者が出た。十二月十九日の『日本経済新聞』の報道では、同国の赤十字社は六五二人の死者を確認しており、さらに少なくとも八〇八人が行方不明という。この年、フィリピンに達した台風としては十九番目のものだが、通常はもっと北寄りに進むのが、この時はあまり例を見ない西向きのコースをたどったため、多くの住民は備えをしていなかったという。十八日付の同紙によると、住民が十万人規模で避難する中、軍隊は二万人態勢で救助活動に当たった。フィリピンにはその年、九月に相い継いで二つの台風が来て、すでに百人以上の人命が失われていた。

## 京都議定書後の温暖化対策は？

このような異常気象による被害を考えれば、温室効果ガスの排出削減は人類全体で取り組むべき喫緊の課題であることは明らかなのだが、各国は〝国益〟を主張し合って削減努力に全力を傾注しようとしていない。また、多くの政治家は、自らの選挙基盤の利益などの国内事情を優先して、排出削減につながるような抜本的な制度改革にあまり積極的でない。

日本の事情もご多分に洩《も》れない。日本は鳩山内閣時代に「二〇二〇年までに温室効果ガスを一九九〇年比で二五％削減する」との〝大目標〟を掲げて注目されたが、この目標の前提には「原発増設」の政策があった。ところが、東日本大震災とそれによる東京電力福島第一原発の事故によってこの前提の実現が困難となった今、産業界からは目標取り下げの圧力が急速に強まっている。それだけではない。この文章を書いている二〇一一年十二月初めの時点では、国会で与野党の力関係が衆参で逆転する〝ねじれ現象〟が続いているため、温暖化対策に熱心だった民主党の政策――環境税や温暖化対策基本法など――が次々と棚上げされている。

こんな中で、日本は京都議定書後の世界の温暖化対策を検討する国連の気候変動枠組み条約締約国会議（COP17）に臨んだ。しかし、政策らしい政策を提出できなかった。会議前の『朝日新聞』（二〇一一年十一月二十六日付）は、次のように解説している――

二十八日に開幕するCOP17では、京都議定書が期限切れとなる二〇一三年以降の温暖化対策の進め方が焦点になる。先進国だけに削減義務を課す議定書を延長するか否か。各国の意見は割れる。

日本は、世界一の排出国・中国に削減義務がなく、二位の米国が離脱した議定書の延長に反対だ。新しい温暖化対策の法的枠組みができるまで、各国が自主目標でつなぐよう主張する。

ただ原発増設を前提とした「二五％削減」目標がゆらぎ、政策論議もままならない。いわば「手ぶら」の交渉で、説得力は乏しい。十月の閣僚級事前会合で日本が強調したのは「今夏の一五％節電」だった。

一方、中国を含めた新興・途上国は京都議定書「延長」を強く主張する。欧州連合（ＥＵ）も条件つきで延長容認。反対は少数派だ。日本を含む数カ国だけが議定書の削減義務国から離脱する、というシナリオもあり得る。

京都議定書の延長に反対したのは、日本のほかカナダとロシアだった。この交渉に参加するＥＵ代表団は開幕前の記者会見で、「京都議定書は（温暖化対策の）シンボルであり重要な道具だ。我々には『京都』が必要だ」と述べ、日本の案については「自主的な行動に任せていては十分な対策は取れない」と否定的な態度を示した。[*4] 前掲の記事にある「削減義務国から離脱する」という意味は、仮に議定書が延長された場合、議定書の日本の削減目標を空白にしておくということだ。しかし、これでは今後の温暖化交渉における日本の発言力は大きく低下し、ＥＵに主導権が移ることは避けられない。

事実、今回の交渉で主導的役割を果たしたのはＥＵで、開幕前に中国、アメリカを含む「すべての主要国が将来新たに削減義務を負うと約束する」ことを条件に、議定書の延長に賛成した。この「将来」についても、新条約を「二〇一五年までに採択し、二〇二〇年までに発効させる」と具体的に提案した。これに対してブラジルやアフリカ諸国が早々と同意したことで、交渉の流れは決まった。しかしこの交渉は、当初の終了予定を三十六時間も延長して条約の〝大枠〟だけを決め、実質的な内容の合意は次回以降に延ばされた。

「ダーバン合意」と呼ばれるその〝大枠〟は次の通りである――

①京都議定書を五年もしくは八年間延長する。

②米中を含むすべての主要排出国が参加する新しい「ダーバン枠組み」（Durban

Platform）を二〇一五年までに採択、二〇二〇年に発効する。

③途上国の温暖化対策支援のために「緑の気候基金」を設立・運用する。

日本の提案は見事に無視された恰好だ。日本は前述したように、延長議定書での削減目標を提出することを拒否したから、二〇一三年以降の削減努力から実質的に撤退したと言える。残念な決断である。「京都」の名を冠した国際条約に背を向けた国として、日本の国際イメージは低下してしまった。しかし、政府が鳩山内閣時代に宣言した「二〇二〇年までに二五％削減する」という目標は国際公約としてまだ残っているから、これに向かって真剣に取り組んでもらいたい。

いずれにせよ、今後、世界の主要国が参加して〝京都後〟の新たな枠組みが作られ、有効に機能しなければ、世界各国を法的に拘束する気候変動防止の試みは失敗に終わる。そして、ＩＰＣＣが描いた〝最悪のシナリオ〟のように厳しく変化する自然環境の中で、各国は自国の繁栄を至上目的とした古い生存競争の時代に逆戻りすることになるかもしれない。そうなれば、自然と人間とのぶつかり合いは決定的かつ悲惨きわまりなく、国土や資源をめぐる人間同士の奪い合いも深刻化し、さらに多くの犠牲者を生む可能性も排除することはできないのである。

## 人間の欲望が生んだ原子力発電

さて、このようにして最近の世界の動向を振り返ってみると、人類が「神」のことを意識から追い出し、科学技術を駆使して「自然」の秩序を壊しながら、「人間」本意の生活を築き上げようとしていることが、本当には人間のためになっていないという深刻な事実に突き当たる。神を否定した人間は、神の被造物である自然への畏敬《いけい》を捨て、自然界を自己繁栄のための〝道具〟として利用してきた結果、人類が今直面しつつあるのは、人間に襲いかかる自然であり、人間同士の、国と国との、そして人間と国との対立である。

この地球温暖化と気候変動の問題を、さらに科学技術の力を駆使して無害化し、制御しようという動きが一部にはある。私は『〝森の中〟へ行く』の中で、そういう考え方を「遺伝子工学よりもさらに疑わしい」と批判した。[*5] これは、科学技術一般を批判したのではなく、科学技術によって人間の心の問題や地球環境全体の問題を解決しうると考える〝科学万能〟の考え方に疑問を呈したのだった。科学技術は基本的に人間の〝道具〟である。だから、それが善の目的に使われるか悪の目的に使われるかは、科学技術それ自体では制御できないことだ。そこに人間の心が関与することで、技術は善にでも悪にでもなる。そんなことは、原爆と原子力の平和利用の関係を思い出せば誰でも分かることだ。私はもちろん科学技術を否定しているのではない。その使い方は人間の心が決めると言っているだけだ。だから、地球温暖化と気候変動の問題を解決するためには「人間の心」の問題を除外することはできないのである。

その人間の心の中でやっかいなのは「欲望」というものだ。欲望は必ずしも悪ではない。それは人類の数をふやし、発明を促し、技術を開発し、経済を発展させる原動力の一部である。しかしその反面、適切な制御が行われないと、欲望は夫婦ゲンカを引き起こし、家族を破滅させ、武器や兵器を悪用し、経済を破壊し、テロや戦争を惹《じゃっ》起《き》し、地球環境を大混乱に陥れる。その欲望を制御するためには、〝人間以上の価値〟

を導入しなければならないと私は思う。
かつての時代には、この役割を「神」や「仏」、「法」「王」「国家」「思想」「イデオロギー」などが担ってきた。もちろん、その過程ですべてがうまく運んだわけではないし、犠牲者も多く出た。しかし、地球規模の危機に人類を陥れることはなかった。ところが、それらの価値が〝絶対〟の地位から引き下ろされ、あるいは極端に相対化されてしまった現代では、人類に共通する価値が何かあるかと問えば、「それは個人の欲望満足だ」という答えが返ってくることが多いに違いない。私は宗教家の立場から「それ以上の価値がある」と訴え続けてきたのだが、それを理解し、欲望を制御した生活を心がける人々の数はまだまだ少ないのが現状である。

欲望を基礎として経済が動き、その経済がさらに新たな欲望を生み出すという〝欲望のスパイラル〟を人間社会の目標にすることはやめなければならない。人類の数が七十億人を超えた中で、$CO_2$を吸収する森林が不足し、食糧生産が頭打ちとなり、石油はもちろん水資源も枯渇しつつある時代に、人類が〝欲望のスパイラル〟を志向することは不合理を通り越して、病理的でさえある。にもかかわらず、世界の多くの国は欲望を満たすためにエネルギーの増産に躍起《やっき》となり、その手段として原子力発電を採用する動きを見せている。私は、現在の原子力エネルギー利用方法は、人間の欲望満足のためだけに自然界全体を犠牲にすることを厭《いと》わない、きわめて人間至上主義的な技術だと考える。この考えは、東日本大震災による東京電力福島第一原発の事故から得た教訓である。詳しい説明は、本書第二章の「大震災、原発事故の教訓」を読んでいただきたい。今回の原発事故により、多くの日本人は原子力発電という技術が一見、〝人間的〟な外貌を見せていても、内実は反人間的であり、反自然的な性格のものであることを嫌というほど思い知らされただろう。にもかかわらず、地震国・日本の沿岸にはいつのまにか五十四基もの原発が建設され、東京、大阪、名古屋などの大都市は、それなくして〝正常〟に機能しないという事実が目の前にある。このような状況がなぜ生まれ、それをどう捉《とら》えるべきかについて私がたどった道筋を、大まかではあるが、これから読者にも辿《たど》っていただきたい。

## 自然界を汚染し続ける放射線

二〇一一年九月十三日の『朝日新聞』は、東京電力福島第一原発の事故による放射線量が多い地域で実施していた住民の内部被曝検査の結果を伝えた。検査は同年六月から八月まで行われ、被検査者は三三七三人で、このうち七人が、生涯に浴びる内部被曝量が一ミリシーベルトを超えると推計されたという。最大の推計値は、浪江町の七歳男児と五歳女児について推計された二ミリシーベルトで、そのほか同町の五〜七歳児五人の推計値が一ミリシーベルト、このほかのすべての対象者は一ミリシーベルト未満だったという。

この結果について同紙は、国際放射線防護委員会（ＩＣＲＰ）の専門委員である大学教授の「二ミリシーベルトなら将来のがん発症など健康への影響は心配ない。三千人を超える調査で最大二ミリというのは大きな安心材料」という言葉を載せている。だから、今回の原発事故で周辺住民が半年間で受けた内部被曝は、深刻な結果をもたらす量ではないと考えられる。これは喜ばしいことだ。しかし、この検査はあくまでもこの時点での一時的な内部被曝――体内汚染――のことである。

内部被曝とは、放射性物質を食品や飲料とともに体内に取り込んだ結果、それが体内の臓器に蓄積した場合、蓄積した放射性物質によって体が汚染されることをいう。原発事故の場合、これとは別に事故を起こした原発から出る放射線が広範囲かつ長期にわたって自然界を汚染し続けるから、その影響を体の外部から受ける外部被曝の危険を、これとは別に考えねばならない。その外部被曝に関しては、あまりいいニュースは得られていない。

例えば、二〇一一年十月三十日、私が旅先の鹿児島市で読んだ『南日本新聞』には、次のような記事が載った――

政府は二十九日、東京電力福島第一原発事故を受けた除染で出る土壌などの汚染廃棄物を保管する中間貯蔵施設について、今後三年程度をめどに建設、供用を開始した上で、貯蔵開始から三十年以内に福島県外で最終処分を完了させる工程表をまとめた。中間貯蔵施設は、汚染土壌などを「一定期間、安全に集中的に管理・保管する施設」と位置付けて福島県内のみに設置し、遅くとも二〇一二年度中に立地場所を選定する。

東日本大震災と東京電力福島第一原発の事故から七カ月以上たったこの時点で、放射線で汚染された農地や校庭から削り取った土壌などを保管する〝中間貯蔵施設〟をどう建設するかという計画を、政府がやっと策定したというのである。その施設は、今後約一年かけて福島県内に立地場所を選び、三年以内に建設するということだから、今後最長で三年間は、一時保管場所（仮置き場）から放射線が出つづけることになる。また、仮置き場から〝中間貯蔵施設〟に入れられた大量の汚染物質は、約三十年はそこに置かれ、その後、最終処分に回されるというのである。「三十年」といえば、人生の三分の一の長さである。福島県の人々は、それだけの時間が経過しても、人間のみならず生物全体に有害な放射線を出しつづける物質と共に生活しなければならないのだ。

この記事によると、予想される放射線汚染物質の量は一五〇〇万〜二八〇〇万立方メートルで、それを貯蔵するのに必要な土地の面積は三〜五平方キロメートルという。その敷地に鉄筋コンクリートの穴を造り、汚染物質を収納した後は分厚い蓋《ふた》で覆《おお》うらしい。また、三十年経過したらどうするかは不明である。記事には「中間貯蔵後の最終処分の方法については、現時点では明らかにし難いとして、国が放射性物質の分離や濃縮の技術開発に務める考え」だと書いてあるだけだ。また、福島第一原発から放射性物質が放出されているかぎり、土壌や水は汚染され続ける。だから、新たに別の中間貯蔵施設を建設しなければならない可能性もあるのである。

この汚染物質の最終処分の方法については、十二月五日の『朝日新聞』が「深海への投棄案」が一部の研究者の間で浮上していると伝えた。それによると、汚染土は「海水で腐食せず高い水圧に耐えられる容器」に入れ、「日本近海の水深二千メートル以下に沈める」のが最適という。これだと「万が一、汚染土を入れた容器が壊れて流出しても、土は水より重いため浮上する可能性はない」としている。しかし、汚染土は浮上しなくても、汚染土に汚染されたプランクトンや、それを食べた魚は浮上してくるだろうから、大量の汚染土を投棄した海域の漁業に影響が出る可能性はある。この汚染魚を食べた場合、人間のさらなる内部被曝もあり得るだろう。

汚染土に加えて、放射能の「汚染水」も問題視されている。十二月八日から九日にかけての新聞報道では、福島第一原発にはこの時点で、保管タンクに合計十万トンの汚染処理水がたまっていて、翌年の三月には満杯になるという。東京電力は、これをセシウム吸着装置などを使って浄化し、さらに塩分を除いて淡水化したものを海に放出する予定だった。ところが、これを知った全国漁業協同組合連合会（全漁連）が強く抗議し、農林水産省の筒井信隆副大臣も記者会見で「放出は認められない」と述べた。しかし、事故を起こした原子炉建屋へは一日四〇〇トンとみられる地下水の流入が続いているうえ、保管タンクを増設するにしても敷地は限られている。東京電力側は「半永久的にタンクを造りつづけて処理水をためるのは現実的でない」というが、漁業者側では「さらなる風評被害や国際的な非難を招くことは必至」として、汚染水の海への放出に反対している。

ところで、放射能汚染水の海への放出が問題になったのは、このときが初めてではない。東京電力は、原発事故後の四月、保管場所を確保するために基準値の百倍の汚染水約一万トンを実際に海に流した。それを含み、事故後にどれだけの規模の海洋汚染があったかについての試算を『朝日新聞』は十二月十八日付で載せている。これは放射性ストロンチウムに特化した試算で、東電などが発表した資料にもとづいたもの。それによると、放出された放射性ストロンチウムの総量は「少なくとも約四六二兆ベクレル」になるという。この量の規模について、記事は次のように解説する——

世界最悪の海洋汚染とされる英セラフィールドの核燃料再処理工場からの汚染水の放出では、ピークの一九七〇年代、年間約五〇〇〇兆ベクレルのストロンチウム90が放出されたとされ、それに匹敵する量だ。

アイリッシュ海に臨み、イギリス北西部に位置するセラフィールド（Sellafield）にある原子力施設は、もともと核兵器の材料となるプルトニウムを生産するために造られたものだ。民生用に転じてからも、日本の原発から出る使用済み核燃料の受け入れ施設の一つとなり、特に二〇一〇年からは、浜岡原発を抱える中部電力と独占契約状態にあった。ここでは一九五七年にも深刻な事故があったが、一九七三年に天然ウラン燃料を生産するB２０４棟で大規模な放射線漏れの事故が起こり、三十一人の労働者が被曝したことなどから、閉鎖への動きが始まった。今回、福島第一原発の事故に続いて浜岡原発の全面停止が決まったことで、この施設全体の存続が危ぶまれている。原発は、いったん事故が起こると強い放射線の問題で修理・修復が難航する。だから、意図的な放出でなくても、周囲の環境を長期にわたって汚染し続けるということを忘れてはいけない。

例えば、二〇一一年十二月五日の『朝日新聞』は、福島第一原発にたまる高濃度汚染水を処理する施設から、四五トンの水が漏れたことを東京電力が発表した、と報じた。「一部が海に流出した可能性がある」としている。この汚染水はセシウムの濃度が一リットル当たり四万五〇〇〇ベクレルで、原子炉規制法が定める海水での濃度基準の約三百倍。ストロンチウムも含まれていて、推定濃度は一リットル当たり一億ベクレルと高く、基準の百万倍という。また、この水の表面放射量は、ストロンチウムなど由来のベータ線が毎時一一〇ミリシーベルト、セシウムなど由来のガンマ線は一・八ミリシーベルトだったという。

海だけでなく、河川や湖沼にも放射能汚染は広がる。同じ『朝日』は十一月三十日の夕刊で環境省による福島県内の水辺調査の結果を報じているが、そこで明らかになったのは、川や湖の水の汚染度が比較的低かったのに対し、川底や湖底の汚染は深刻なことだ。福島県内の水辺一九三カ所を調べた結果、「ほとんどすべての川や湖沼の底の土砂からセシウムが検出された」という。具体的な数値については、こうある——

特に福島第一原発から二〇キロ圏内の警戒区域やその周辺は一キロあたり六万ベクレル、四万三〇〇〇ベクレルなどと高濃度。五三キロ離れた阿武隈川（二本松市の高田橋）でも三万ベクレル、一〇〇キロ離れた旧湯川（湯川村の粟ノ宮橋）でも一万三〇〇〇ベクレルと、濃度が高かった。

この理由は、「土の粘土鉱物などに吸着したセシウムが雨や風に運ばれて川に入り、沈んでいるから」だといい、「土に強く結びついたセシウムは水に溶け出しにくくなっている」という専門家の説明を引用している。

川底や湖底の汚染は、魚類などの水棲生物《すいせい》にひろがる。同じ記事は、福島県が九月以降に淡水魚を一三〇匹以上採取して調べた結果を載せているが、それによると、アユとヤマメ四匹で「一キロ当たり五〇〇ベクレル」という国の基準を超える値が検出され、ワカサギからも一キロ当たり四五〇ベクレルが検出されたという。この原因の一つはエサにある。記事は、湖底や沼底にはセシウムが付着した堆積物がたまっているので、それを口にする魚に汚染が広がるとしている。

ところで、放射線の調査で〝安全性〟の基準に使われる「シーベルト」という計測値は、どんな数値だろうか？　京都大学原子炉実験所の小出裕章氏によると、一ミリシーベルト（一シーベルトの一〇〇〇分の一）とは、大人の人体に六十兆個の細胞があるとして、それらの細胞すべてに放射線が当たる量のことだという。日本の法律では、一般の国民は年間の被曝量が一ミリシーベルトに達してはならないことになっており、特例として、放射性物質を取り扱う仕事に従事している人に限り、年間二〇ミリシーベルトまで認められている。小出氏は、この年間一ミリシーベルトという値は

「一万人に一人ががんで死ぬ確率の数値」だといい、「一〇ミリシーベルトになると、一〇〇〇人に一人ががんで死ぬ確率となります」と書いている。*6

また一〇〇ミリシーベルトとは、人体のすべての細胞に百本の放射線が当たる量で、被曝による影響が出始めるラインだという。しかし、すべての人に一様な影響が出るのではなく、年齢によって大きな違いがある。小出氏は、一〇〇ミリシーベルトが十万人に当たった場合の影響について、物理学者のゴフマン博士の推定値を挙げているが、それによると、がんによる死亡者数は零歳児が一万五一七〇人、五歳児は一万三三四四人、十歳児は一万五二一人、三十歳では三八九二人、五十歳では七十一人、六十歳以上はほとんど影響がないという。

これ以上の放射線量の影響を一般的に表せば、五〇〇ミリシーベルトではリンパ球が減少する急性症状が現れ、一〇〇〇ミリシーベルト（一シーベルト）では一割が吐き気やだるさを訴え、四〇〇〇ミリシーベルト（四シーベルト）で約半数の人が三十日以内に死亡するという。今回の原発事故では、三号機付近で最高四〇〇ミリシーベルトの値が計測され、そこで復旧作業をしていた作業員三人が一七三〜一八〇ミリシーベルトの被曝をしたという。また、過去の原発事故では、一九九九年九月三十日、茨城県東海村の核燃料加工工場での事故で六六七人が被曝したが、そのうち一八シーベルトを被曝した大内久さん（当時三十五歳）と、一〇シーベルトを被曝した篠原理人さん（同四十歳）が、急性障害を起こして亡くなっている。

シーベルトに対して「ベクレル」という単位の数値もよく耳にする。前者は放射線を「受ける側」の値であるが、後者は「出す側」の値で、食品の汚染度などを示すのに使われる。一ベクレルは、一秒間に一回放射線を出す能力をいう。だから、「何ベクレルの放射線の食品をどれだけ食べると、何ミリシーベルトの被曝をする」という関係になる。この計算は、放射性ヨウ素、放射性セシウムなど核種によって大きく変わってくる。

## 戦後の政策の歪み――〝原子力ムラ〟

さて、先に触れた東海村の核関連施設についてだが、実は今回の大地震でも危険な状況にあったのだ。

十月二十六日付の『朝日新聞』を読んで、私は今回の大震災で福島県だけでなく、首都圏の人間も地震の影響で大量被曝の危険があったことを初めて知った。私は仕事がら新聞は毎日注意して読んでいたつもりだが、こんな大事な情報を知らなかったことを不覚に思った。この記事は、記者の聞き書きによる談話であり、談話の主は茨城県の東海村村長、村上達也氏である。東海村と言えば、日本の原子力発電の草分け的存在であり、私が住む東京・渋谷から直線距離で約一〇〇キロしか離れていない。十月初めに生長の家講習会を開催した筑波研究学園都市からは約五〇キロである。となると、もしこの危険が現実化していたら、日本の政治も経済も大変な打撃を受けたに違いないのである。

村上氏は、次のように言う――

実は東海村の日本原子力発電東海第二原発も、東京電力福島第一原発で起きた「全電源喪失」の寸前でした。地震の影響で外部電源がすべてダウン。非常用発電機でポンプを動かして原子炉を冷却しましたが、一時間後に押し寄せた津波があと七〇センチ高ければ、海水は防波堤を乗り越えて、すべての冷却機能が失われていたかもしれません。

村上氏はこの事態を、福島の事故から二週間後に知ったのだという。原発の地元の行政責任者が深刻な事故の危険を二週間も知らされなかったというのは、「異常」を通り越して「罪深い」ことだと思う。その罪はもちろん、事実を知らせない電力会社側にある。原子力に関するもろもろの情報は国民からできるだけ隠そうとする電力業界の態度は、ここにも顕著に現れている。村上氏はその後、細野豪志・原発相に「選択肢として東海第二の廃炉ということも考えるべきではないか」と提案したという。

国民の安全と健康を考えれば、地元の首長として当然の要望だろう。が、その一方で、原発を誘致した地方には巨額の補助金が落ちる。この経済的恩恵をどう考えるかは、行政の責任者としては悩むことなのかもしれない。しかし、村上村長は「原発マネーは麻薬と同じです」とはっきり言う。その理由は——

原子炉を一基誘致すると固定資産税や交付金など十年間で数百億円のカネが入る。そのカネがなくなると、また「原子炉を誘致せよ」という話になる。尋常な姿ではありません。

東海村の人口約三万七千人の三分の一は、日本原子力研究開発機構を中心とする十三の原子力事業所と何らかの関わりを持っています。また原子力関連からの財源は一般会計の三分の一に当たる約六十億円にのぼり、まさに「原子力の村」です。

福島県知事を務めた佐藤栄佐久氏は、前掲した村上村長の「原発マネーは麻薬」という発言の意味を著書の中でやや詳しく述べている。それは、すでに福島第一原発の五号機、六号機が立地している双葉町議会が一九九一年九月に原発増設要望を議決したことについて、知事就任当時の〝違和感〟を説明しているくだりだ。

原発立地自治体には、原発が存在することで巨額の固定資産税が三〇年間保証されることになる。すでに原発を二基かかえている双葉町は財政的に恵まれており、立派な公共施設をいくつも持っているはずだが、なぜだ、というのが率直な感想だった。

このほか原発立地自治体には、電源三法交付金も得られる。しかし、落とし穴があった。交付金の用途は公共事業に限定されており、いわゆる「ハコモノ」を作るしかなかった（二〇〇三年の改正でソフト面にも使えるようになったが）。そこで原発立地自治体は次々に役場の建物を新しくし、市民ホールや図書館を作っていったが、交付金は維持管理経費に使えないことから、これらの維持費が自治体の首を絞めるようになったのである。そして固定資産税は、償却で金額が減っていく。

（『福島原発の真実』、三四頁）

佐藤氏は、固定資産税の目減りの理由を、同じ本の別の箇所で次のように述べている――

土地家屋にかかる固定資産税は、ほとんど価値は変わらない。しかし発電所は償却資産で、税法上の原子力発電所の法定原価償却期間は一六年と決められており、そこで評価額が約一割に落ちてしまう。（同書、一二七頁）

つまり、補助金でハコモノを多く建てられても、やがて維持費がかさんで税収を上回ってくるから、新たに原発を誘致して補助金をさらにもらわないと県の財政が逼迫《ひっぱく》することになるのである。こういう欠陥のある制度の下に、風光明媚《ふうこうめいび》な地方の自然が崩され、不必要な建物が建つ。

このほか電源開発促進税というのもある。これは、電力料金の徴収に合わせて消費者全世帯から広く薄く取るもので、原発のある県や町村に限って交付されるとともに、原発の研究などに使われている。

〝原子力ムラ〟をテーマにして、戦後日本の中央と地方の力関係を研究してきた開沼博氏は、原発誘致地域と大都市に立地する中央政府が作り出した補助金分配システムとの関係を「植民地支配」になぞらえて、次のように描いている――

県知事・地元選出国会議員らは中央とのコネクションを強化させながら陳情や接待に動き、一方で地方財界・地方マスメディアは地域開発の誘致キャンペーンをはり、両者を接合していく役割を果たした。「近代の先端」を目指す「中央」にとって、克服すべき「前近代の残余」としての「ムラ」は、植民地論で言うところの「コラボレーター」としての「地方」の誕生によって、戦後成長の重要な要素に組み込まれていくことになったのだった。

（『「フクシマ」論』、三〇九頁）

この表現は、大部の論文の結論部分に出てくるもので、前提となる様々な概念を理解せずに読むと、なかなか分かりにくい。しかし、「中央」という言葉を植民地を支配する宗主国に置き換え、「ムラ」を植民地の住民とし、「地方」を現地で住民を治める統治者として考えれば、合点のいく部分も多い。つまり、開発と経済発展を目指す中央政府に協力（コラボレート）する地方の支配層やマスメディアが育ってきたことで、原発誘致地域の住民は中央政府の経済成長政策に組み込まれていった、ということだろう。地域住民にとって、それは当初半ば不本意なことであっても、厖大《ぼうだい》な額の補助金が配分され、その経済効果が広がるにつれて不満は消えていったという分析が、ここにはある——

原発の誘致が成功した後には大量のヒト・カネがムラの経済を潤し、土建業や運送業、さらに民宿・飲食店などができて、それまでの農漁村は原子力ムラの体裁を整えていく。GE村に象徴されるような、文化的な変化もそれを刺激していく。その結果、ムラには喜びとともに原子力発電所や関連施設が自動的といってもいいほどに出来上がっていく。（同書、三二〇頁）

GEとは、アメリカの原子炉メーカー、ジェネラル・エレクトリック社（General Electric）の略称で、一九七〇年代には、福島第一原発一号機の建設に携わるGEの社員が家族と一緒に暮らす集落が、同原発の敷地内にあった。ここには学校や教会やテニスコートもあり、地元の幼稚園や小学校にはアメリカ人の子供が日本人とともに学んでいた。GE村ではアメリカ式のパーティーが頻繁に開かれ、東京電力の社員や地域の住民が招待され、そこでのクリスマスやハローウィンなどを通じてアメリカ文化に触れる機会も多かったという。

開沼氏によると、福島第一原発の誘致地域は、こうして七〇年代には「政治・経済・文化といったあらゆる面で原子力への依存を深めていった」だけでなく、「八〇年代以降、原子力ムラはもはや原発なしでは財政が成立しない状態になり、また、政治的・文化的にも原子力ムラとして固定化されていく」ようになったという。

このような背景を理解すると、全国津々浦々にできた原発とそれを支える〝原子力ムラ〟は、物質主義的な経済発展を志向する戦後の政治・経済政策の〝歪《ひず》み〟の一つであることが分かるだろう。これを〝歪み〟として否定的にとらえる理由は、この国の指導者たちが、経済発展以外の価値を示しえないでいるからだ。否《いな》、「指導者たち」のみに責任を負わせてはいけない。日本国民は戦前、指導者たちが示す価値に盲目的に従ったことの反省から、「人間を超える価値」を信じる勇気を失っているのではないか。「経済発展志向」というのは、端的に言えば欲望満足のためということだ。そして、七十億人を超える人間が欲望満足を共通価値として追求していく先に見えるものは、深刻な気候変動による大量死でしかないかもしれない。

## 新しい宗教的自然観の構築のために

私は『〝森の中〟へ行く』の第五章で、次のように書いた――

「自然と対峙《たいじ》しない人間」の生き方を提案したい。それは、人間至上主義ではなく、人間自然主義、あるいは自然中心主義とも呼べるかもしれない。自然の背後に人間以上の価値を認め、その価値のために人間が欲望を律する生き方である。新しい宗教的自然観が構築されなければならない、と強く思う。

（同書、一六八頁）

ここに書いた「新しい宗教的自然観」とは、「過去の時代にまったく存在しなかった」という意味での〝新しい自然観〟ではない。それは、「過去から引き継がれていながら注目されてこなかった」という意味での〝新しい自然観〟である。私はそれについて、同じ章の別の場所でこう表現した——

結局のところ、世界のほとんどの宗教の中には、人間と自然との調和を説く教えが含まれているが、その部分が、これまであまり強調されてこなかったことが、宗教が環境問題の解決に目立った貢献をしていない一因といえばいえるのである。

（同書、一七五頁）

「新しい宗教的自然観」とは、だから「新しく構築された宗教共通の自然観」というほどの意味であり、その内容は「人間と自然との調和を説く」ものでなければならない。このような方向での新しい自然観の構築は今、キリスト教の内部で真剣に行われている。キリスト教は、かつて〝自然破壊の元凶〟だとして厳しい批判にさらされた経験があり、その反省から自然保護思想を急速に教義の中に取り入れつつある。紙面の都合から、その具体的内容を本書で示すことはできないが、他の宗教でも同様の努力が行われれば、私は世界の宗教に共通の教えの一つとして、「自然と人間との調和」が説かれる時代が、そう永くない未来に来ると信じている。また、科学の発見の中にも、自然と人間との抜き差しならない関係を示すものが数多く見出される。

生長の家は科学を否定しない。否定しないどころか、生長の家創始者の谷口雅春先生は、原子物理学や心理学の知見を多く引用されながら『生命の實相』全四十巻、『真理』全十巻などを著された。だから、私も先師の轍《わだち》をたどって、科学的知見を踏まえながら、人間の幸福が自然との調和なくして実現しないことを訴える努力を続けてきた。本書第四章にある講演録には、その努力の一端が示されていると思う。

この章は、「〝自然を愛する〟ことの本当の意味」と「〝めんどくさい〟が世界を救う」という題の二本の講演録からなる。最初のものは、二〇一〇年五月に生長の家の幹部・会員を対象に行った三回の講演の内容を一つにまとめたものだ。私たち人間は大抵、自分は「自然を愛する」ものだと考えるが、その「愛する」という意味をあまり深く吟味しないのが普通だ。この講演で私は、そうして「愛する」ことがなぜ自然破壊を引き起こすかという理由を考え、破壊をともなわない愛し方として、仏教で説く「四無量心」の考えを自然と人間との関係に導入すべきだと訴えている。二番目の講演録は、その翌年の同じ会合での三回の講演を一つに編集したものである。現代人は「めんどくさい」ことを嫌い、生活や仕事の効率化を〝よいもの〟としてほとんど疑問なく採用するが、ここで私は効率化によって失われるものが何であるかを考え、効率化が自然破壊と密接に結びついていることを指摘している。結果的にこの講演録は、いわゆる〝スローライフ〟の生き方が、地球温暖化時代になぜ必要であるかを説明する内容になっている。

順番がちぐはぐになってしまったが、第二章以下の説明を簡単にしよう。

第二章「大震災、原発事故の教訓」に収められた文章のほとんどは、大震災の三月十一日から半年以内に私のブログ「小閑雑感」上に発表したものである。「歓喜への道」は、宗教の究極の目的が肉体の救いではなく、魂の救済である点を見つめ直したもの。「大震災の意味を問う」では、その題のとおり、今回の震災をどう捉えるべきかを考察している。「原発事故から何を学ぶべきか」は、原発がどういう性質の技術であり、それを無批判に受け入れてきた自分自身への反省を込めながら、科学技術の選択必要性を訴えている。「〝新しい文明〟の構築へ」では、原子力発電をやめた場合、自然エネルギーを使う代替技術として何が有望であり、その利用にともない、私たちの考え方やライフスタイルをどのように変えていくべきかを問うている。ここには、都会生活の問題点、生長の家が国際本部を東京から山梨県の八ヶ岳南麓に移転することの意味、この〝森の中〟でのエネルギー自給の方法、今後の展望なども描かれる。

第三章「自然と共に伸びるために」には、主として生長の家の信徒・幹部に向けた講演が集めてある。すべて東日本大震災後の約半年間に行われた講演で、大震災という自然災害を宗教の立場からどう捉え、原子力発電という技術と、それを生み出した人間の心の問題を考え、反自然的な生き方をやめて、自然との調和を目指す生き方への転換を訴えている。本章の最後にある「原子力エネルギーの利用をやめよう」という題の講演は、一般人を対象としてロンドンで行われたという点で、他の四本とは少し趣きが違う。講演原稿はもともと英文で書かれたため、今回それを日本語化する段階で翻訳調が残ってしまったが、私がいわゆる〝脱原発〟をはっきり宣言した最初の講演である。

第四章のことは、すでに説明した。第五章には、震災後にブログに発表した祈りの言葉二本を収録した。

＊1　「谷口雅宣のウェブサイト」のブログ「小閑雑感」。現在は新ブログ「唐松模様」が開設されている。アドレスは、いずれも http://www.masanobutaniguchi.com/ また、同じ文章は『小閑雑感 Part 9』、二八〇〜二八二頁に収録。

＊2　谷口純子・生長の家白鳩会総裁との共著、二〇一〇年、生長の家刊。

＊3　"Special Report—Climate Change: What We Do Know and What We Don't", *New Scientist*, 22 October 2011, pp. 36-43.

＊4　『朝日新聞』二〇一一年十一月二十八日。

＊5　『〝森の中〟へ行く』、一一八〜一一九頁。

＊6　小出裕章著『小出裕章が答える原発と放射能』（河出書房新社、二〇一一年）、六四頁。

# 第二章

# 大震災、原発事故の教訓

# 1　歓喜への道

## 〝新生日本〟を建設するために

谷口清超大聖師[*1]のご著書に『歓喜への道――二十一世紀のために』（日本教文社刊）というのがある。平成四年（一九九二）四月の出版だが、冒頭に掲げられた同名の一文は平成元（一九八九）年五月号の生長の家の機関誌に掲載されたものだ。月刊誌はたいてい、五月号は四月に、六月号は五月に発行されるし、原稿を受け取ってから出版までは約二カ月を要する。ということは、このご文章は、時代が昭和から平成に変わってまもなくの頃に清超先生が書かれた一文と考えられる。それを読ませていただくと、「平成」という新時代に向けて信仰者として何を第一にして進むべきかという重要な指針が力強く説かれていて、感動するのである。私たちは今、未曾有《みぞう》の大地震と大津波、原発事故の被害を身の回りに感じ、まるで〝世界の終末〟の中にあるような印象をもっているかもしれない。しかし、これで戦後日本の〝一時代〟が終わるとしても、これから私たちが築き上げる新時代が必ず来ることを疑ってはいけないし、この新時代にこそ、神の御心《みこころ》がより顕著に輝き出た〝新生日本〟を建設しなければならないと思う。ついては、この清超先生の一文からいくつか学ぶことにしよう。

清超先生はまず最初に「正しい情報が大切」だと説かれている。このことは、今回の災害と原発事故に関しても、私たちはいやというほど感じたことではないだろうか。災害の規模がどれほどか。家族や親戚の安否はどうなっているか。津波の大きさを事前に予測できたのか。原発の危険度を知っていたのか。放射線の体への影響を知っているのか。原発事故の現状は、どれほどの地域に、人に、自然界に危険を及ぼすのか。復旧のコストは、期間は、必要な人員は……。これらの情報が正しく入手できないことに、私たちは困惑してきたのである。だから、「正しい情報が大切」であることは、十分に感じているだろう。現代は情報氾濫の時代だから、「情報を得る」こと自体は簡単にできる。しかし、ニセ情報も巷《ちまた》にあふれているから、「正しい情報」が何であるかの判断は、情報量が膨大なゆえに一層困難になっている。

だから先生は、こう説かれている――

そこで情報は金銭で取引きされるとは言っても、その〝正確度〟が問題であり、もしニセ情報であれば、そのために大きな被害を受けるし、そのマイナスの価値は、はかり知ることが出来ないくらい大きいのである。（『歓喜への道』、六頁）

「原子力は安全なエネルギーである」という情報を信じてきた多くの人々が、海外の人々も含め、その〝マイナスの価値〟を肌身に感じ、震え上がったに違いない。また情報は、「発信人」と「受け手」が直接授受するだけでなく、両者の間に多くの「中継者」が関与してくることが多い。そして、中継者が多ければ多いほど、情報の中身がゆがめられる可能性が大きくなる。いわゆる〝伝言ゲーム〟のように、発信人の情報とはまったく異なる内容のものが、〝真実〟とか〝事実〟とされる危険度が増してくるのである。このことを先生は、次のように書かれる――

しかし発信人の真理をそのまま伝えるということは中々難しく、人は往々にして善意の過ちをおかすものである。（同書、九頁）

先生がここで「善意の過ち」と書かれているのは、イエスが人間を〝罪の子〟と説かなかったのに、「神の子」の自覚に満ちたイエスを尊敬するあまり、弟子たちがへりくだって自分と一般人とを〝罪の子〟と見なしたことを指している。その気持の中には「教えを曲げよう」とするような悪い意図はないから、善意からの過ちだったと説かれているのである。だから、情報の正確な伝達を期す場合は、善意や同情や感情移入があれば、多少の間違いは許されると考えるのは問題である。ましてや、善意や同情や感情移入さえ表明すれば、宗教上の真理を伝えたことになると考えるのは誤りだ。

では、宗教上の真理とは何か？　先生曰《いわ》く――「要するに現象の肉体は不完全であり、それは仮相であって、実相は全ての人々が完全無欠の神性・仏性である。この真理を自覚し、伝え、行ぜられるからこそ尊いのである」。（一〇頁）これを、今回の大災害と大事故に関連させて言い直せば、「これらの惨状や死や深刻な被害は仮相であって、実相は全ての人々が完全無欠の神性・仏性である」ということだ。確かに震災直後、テレビやインターネット、新聞・雑誌では、連日のように人々の不幸や災難や、悲しみや、苦痛、嘘、偽装、経済停滞などが報じられた。しかし、それらを見つめて悲しみを深めていくことが、宗教上の真理を伝えることだと考えるのは誤りだ。先生は再び曰く――「これでは実在の真理そのものがどこかに追いやられ、現象の正確さのみがいたずらに一人《ひとり》歩きする結果になるであろう。しかし生長の家では、現象は実在にあらずと否定するのだ。ある人がどんな生涯を歩んだにしても、そこに完全無欠を求めるのは、現象そのものに実相を求めていることになる。」（一一頁）

## 実相は完全無欠の神性・仏性である

だから、今回の大震災や大津波によってどんな死に方をされた人でも、その実相は完全無欠の神性・仏性であるから、皆尊いというのが真理である。何の前触れもなく、つい数分前まで元気で働いていた人が、いきなり地震で潰《つぶ》され、あるいは津波に巻き込まれて海中に消えていっても、その人の実相が神の子であり、仏であり、円満完全であるということに変わりはない。ただ、最愛の夫や子、家族の肉体が目の前から突然消え、もう会えなくなったために悲しみに打ちひしがれている人がいるのだから、その人に善意から同情し、あるいは感情移入して一緒に涙を流すことは間違っていないし、そうすべきである。が、それだけでは、「人間は皆、神の子であり生き通しである」という信仰をもっているとは言えないのである。

「しかし、こんなに悲惨な状態の現実を無視して〝神の子はすばらしい〟だけではオカシイ！」と感じる人も多いだろう。妻の当時のブログ[*2]へのコメントでも、そういう不満の表明があった。私のブログの記述についても、「被災地で困難に遭《あ》っている人々、救出活動をしている人々が大勢いるのに、ジョギングするなどオカシイ」という人がいた。さらにこの読者は、「たとえジョギングしても、それをブログに書くべきではない」という。そして、宗教指導者は「冷静に成り行きを見守って、祈っているときではないでしょうか」とおっしゃるのである。私はその通りのことをしているが、ブログにはいちいち「今日も神想観をした」などと書かないだけだ。なぜ書かないのか、理由もある。次の聖書の言葉を、この読者は知らないのだろう――

また祈る時には、偽善者たちのようにするな。彼らは人に見せようとして、会堂や大通りのつじに立って祈ることを好む。よく言っておくが、彼らはその報いを受けてしまっている。
（『マタイによる福音書』第六章五節）

ブログは、現代の路地や四つ辻のようなものである。誰でもそこに来て、読み、眺め、そしてコメントすることができる。また、「この悲惨な現実」「この人々の苦しみ」などと現象の不完全さを強調する人は、「今あなたがたが〝見える〟と言い張るところに、あなたがたの罪がある」（『ヨハネによる福音書』第九章四一節）という言葉も知らないのだろう。しかし、初心の人はそれでいい。私のブログは、誰でも読めるからだ。

さて、右に書いたヨハネ伝の言葉は、実は清超先生の一文にも引用されている。先生の場合、文語体の聖書からの引用だから、もっと威厳がある——「然《さ》れど見ゆと言う汝《なんじ》らの罪は遺《のこ》れり」である。「あそこに遺体がある」「ここに家屋の破壊がある」「被災者があふれている」「職場が破壊されている」……これらは、本当に正しい情報だろうか。それとも、実相を覆《おお》い隠している外見にすぎないのか。悪を探し求めるマスメディアの〝伝言ゲーム〟に惑わされているのではないのか。

清超大聖師は、さらにこう説かれる——

一体人間は何のためにこの地に生をうけたのか。仕事をして、金を儲《もう》け、事業を発展させ、家庭を安穏に送るためと思うかもしれないが、それならば仏教はこの点について当を得ない教えをして来たことになる。キリスト教も「いかにして事業を発展させるか」を説いているのではなく、明確にイエスは、

「まず神の国と神の義《ぎ》を求めよ、然《さ》らば凡《すべ》てこれらの物は汝らに加えらるべし。この故に明日《あす》のことを思い煩《わずら》うな明日《あす》は明日みずから思い煩わん。一日の苦労は

一日にて足れり」（マタイ伝六ノ三三―三四）

と教えておられるのである。「これらの物」とは、何を食い、何を飲むか、如《い》何《か》に着るか、住むか……ということであり、子供の学校をどこにしようかというようなことも、現代社会では含まれると考えて間違いない。全て、現象的なオカゲや地位や事業よりも、神の国と神の義を求め行うことが第一だという主旨である。

（『歓喜への道』、一四頁）

これはなかなか厳しい教えであるが、宗教運動とはそもそも物質的繁栄を目指すものではなく、神意の実現や仏国土《ぶっこくど》の現成《げんじょう》が目的なのだ。このことを、先生は「生長の家の光明化運動の根本精神は、出家の精神である」（一五頁）と表現されている。それなのに、「水ぶくれの人間や、物ぶくれ、欲望ぶくれの人間がふえて来て、大道を求め行ずるために〝乞食《こつじき》〟をなす行脚僧《あんぎゃ》が、めっきり減った次第である」（一七頁）と嘆かれている。当時の状況と現在の日本との間に、それほど違いはない。だから、次の先生の結論は、今日の状況を見事に示しているのである――

今や日本は金儲けや繁栄を追い求めるか、それとも神の国と神の義を第一に置くところの「真理国家」に〝出家する〟かの岐路に立っていると言える。

## 第一義のものを第一にせよ

この谷口清超大聖師のお言葉には〝続き〟があり、それを読むと先生の意図がより明確になるので、さらに引用を続けよう――

一体吾々は、果して水ぶくれや金ぶくれの人間をより多く生産する方向に行ってよいものかどうか。人間の本質の自覚がより深まったことを、その人の成功度や財産や、社会的名声で判断するというような、世俗事への迎合姿勢では駄目ではないか。「肉は益なし」「汝らの見ゆという罪はのこれり」なる天の声は、さらに一層高々と国の内外に鳴り響かなければならないのである。それも決して肉体を弱体化せよとか、現象的な美しい街を崩壊させよというようなことではない。第一義のものを第一にせよということである。そうすれば現象は自然に整うのである。

（同書、一八頁）

私たちはよく「経済成長は善い」と考えがちだ。しかし、清超先生の右の文では、それを「水ぶくれや金ぶくれの人間をより多く生産する」ことだと表現されている。また、人間の本質の自覚がより深まったということを、人の成功度や財産や、社会的名声で判断するのは間違いであり、世俗事への迎合だと批判されている。しかし、今日の経済理論は、人間が水ぶくれや金ぶくれをすることを〝善〟として奨励しているのである。つまり、消費を拡大することで、より多くの人間が幸せになるというのが基本的考え方だ。だから、〝食べ放題〟や〝使い捨て〟や〝過剰包装〟や〝モデルチェンジ〟や〝ブランド品〟や〝新規需要〟がもてはやされて来たのである。そして、人々が幸せになってきたかというと、自殺者の数は一向に減らない昨今なのだ。

読者はもうお分かりだろうが、これによって大量消費と大量廃棄が何十年も継続し、消費を増やすために交通網の整備、鉄道や航空便の増発、自動販売機の増殖、夜間照明、ライトアップ、貸金業の拡大、深夜営業、そして原発による夜間の電力の垂れ流しが行われてきたのである。これこそ〝水ぶくれ〟ならぬ〝エネルギーぶくれ〟の社会であり、〝金ぶくれ〟すなわちバブル経済の実態ではないか。その方向にもどることが、大震災後の〝新しい日本〟であってはならないのである。

ところで、震災関連のテレビや記事ばかりに接した人が、被災地にいない人が普通の生活に喜びを見出《みいだ》すことに違和感を感じたり、「自粛すべきだ」と感じるのは、私には理解できる。そういう違和感が特殊でないことは、関東各地で「花見を自粛しよう」とか「宴会を自粛しよう」などの動きが出たことからも分かる。この感情は、被災者に対するエンパシー（自己同一化）であると同時に、心理学でいう「認知の不協和」の感情だ。自分を被災者の立場に置き、「家も財産も失ったあの人たちは花見なんて気分になれないはずだから、私たちも同じ気持になるべきだ」と考えるのがエンパシーである。また、自分の目の前の世界で大きく矛盾する二つの事実を認知したとき、心地悪さを感じるのが「認知の不協和」である。〝不幸な被災〟と〝幸せな花見〟

とが同居しているのはいけない、と感じるのだ。

これらの感情を、私は決して〝間違っている〟とか〝愚かだ〟と言うのではない。ただ、過剰なのは困るし、人に対して自分と同じ感情をもつべきだと強制するのはよくない。それは一種の〝見ゆという罪〟だからだ。現象の悪に焦点を合わせて生きるのは本人の自由だが、その結果当然生じる感情を、他人がもっていないからと言ってその人を批判するのは、心の法則を知らない人のすることだし、実相の教えを忘却していると言わねばならないだろう。被災者の中には、家や仕事を失って初めて「当たり前の日常が素晴らしい」と知り、「毎日生きていることが有難い」と感じたとカメラの前で話している人もいたし、ボランティア活動で被災地入りしている青年が、「人生の目的を知った」と目を輝かせているとも報じられた。「歓喜への道」は、決して一本だけなのではなく、真っ直ぐなわけでもないのである。

＊1　前生長の家総裁。二〇〇八年十月二十八日に満八十九歳にて昇天。
＊2　谷口純子のブログ「恵味な日々」。アドレスは、http://junkotaniguchi.cocolog-nifty.com/

## 2　大震災の意味を問う

### 個人と集団の問題は別

二〇一一年四月十七日は秋田市の秋田県民会館において生長の家講習会が開催され、九〇二二人の受講者が集まってくださった。秋田県は三月十一日の東日本大震災や冬季の豪雪の影響もあって、受講者数は前回より一八五人（一七％）と大幅に減ったが、それでも多くの方が熱心に私の講話を聴いてくださり、真剣な質問が出たことはありがたかった。午前中の私の講話に対する質問は、通常はいろいろな種類のものが出るが、この日は提出された質問用紙六枚のうち五枚までが震災関係のものであったのには驚ろかされた。震災後、最初に行われた講習会は滋賀県（三月十三日）であったが、そこは被災地から離れていたし、被害の実情もまだ判明していない段階だったので、震災関連の質問は少なかった。しかし、大震災から一カ月を経過したこの講習会では、秋田の人々にとっては隣県での出来事であり、しかも被害が甚大であること、また親戚や知人が隣県で被災していたり、本人や知人が被災地救援のボランティア活動へ行ったりするケースも多いため、関心の大きさは比較にならなかった。

五つの質問の骨子だけを掲げる——

①震災の犠牲者は高級霊なのか？
②この（現象）世界を〝舞台〟とか〝映画〟に喩《たと》えるが、今回の震災との関連は？
③今回の震災の奥にある観世音菩薩《かんぜおんぼさつ》の心とは？
④震災の犠牲者は観世音菩薩だというが、その意味は？
⑤人心の乱れが震災につながったのか？

このうち③と④はほとんど同じ内容だから、質問の種類は四つになる。このうち①

と②は主として「個人」の問題と関係し、③〜⑤は国家や社会という「人間の集団」の心の問題に関係しているといえる。今回のような歴史的にも稀《まれ》な大事件や大きな事象については、このように個人と集団の問題を分けて考えた方がいい。なぜなら、人間の心には、個人が自覚している現在意識に属する部分と、個人は無自覚でも集団や社会の潜在意識のレベルのものがあるからである。この二つを混同すると、問題の理解が困難になる場合がある。

例えば、今回のように大勢の死者が出た大事件を振り返ってみると、比較的最近では大東亜戦争が挙げられる。この戦争に行って死んだ兵士や、沖縄戦や空襲によって死んだ国民（非戦闘員）が、それぞれどんな心を持って生きてきたかということと、日本という国家（国の政策決定者）が大東亜戦争に至るまでの外交政策をどのような考えのもとに、どのような手段を使って進めてきたかということとは、同じレベルで議論することはできない。当時の日本国民は、個人としては海外で何が起こっているかよく知らず、また国際関係についても無知に近かったし、日本国の置かれた客観的状況もよく知らない中で、国家の命令に従って戦争に参加し、もっぱら「家族や日本社会を守る」という善意と滅私の精神を鼓舞して戦った人々が圧倒的に多かったと言える。

そういう人の中には、私的利益を考えず、「公のために自ら進んで（肉体の）命を捨てる」という行為を通して、急速に魂の進化をとげる人もいる。これは、戦場へ行った兵士についても言えることで、東南アジアなどでは、彼らの中にも他国の国民のために心血を注いだ人もいるし、特別攻撃隊の隊員の多くも、そのような〝無私の行為〟を通して魂の進化をとげたのである。そういう人生を自ら選んだ人々は、だから〝高級霊〟と言える。しかし、同じ状況の中にいても、人によっては戦場において残虐な行為をしたり、他国民の虐待や虐殺を命令したり、自ら実行した人もいる。このような生き方を自ら選んだ人々は、明らかに悪業《あくごう》を積んだのであるから〝高級霊〟の名に値しない。この区別をせずに、「戦争で死んだ人々はみな高級霊である」というのは、乱暴な議論と言わねばならない。

それと同じように、今回、大震災と大津波によって命を落とした人々の中には、家族や友人を助けるために自ら危険地帯にもどった人もいるし、その逆に、他人を犠牲にして自分だけが助かりたいと考え、そういう行動をとった人もいるかもしれない。その区別をせずに、「震災の犠牲者は皆、高級霊である」と言うのは乱暴であり、真実とは言えないのである。私たちは「大震災における不慮の死」というように、何万人もの犠牲者の死を十把一絡《じっぱひとから》げに考えがちだが、個人の魂の成長や進化という側面に注目すれば、すべての犠牲者はそれぞれユニークな人生を送っていたのであり、その過程で今回の大震災に遭遇し、それぞれ独自の死に方をしたのである。そういう個々の死によって、肉体の死を経験した人の魂が成長したかしなかったかは、それぞれ異なるのである。が、あえて一般論的に言えば、そういう不慮の死が魂の成長に役立つことは大いにあり得るのだ。

このことについて、谷口清超先生は『新しいチャンスのとき』[*1]の中で次のように説かれている。これは、突然の交通事故による死に関するものだが、今回のような自然災害による死についても言えるだろう――

このような即死は、高級霊にもありうることだ。それは急速な肉体からの離脱は、多くの業因を脱落するから、ちょうど大急ぎで家を出る時には、ほとんど何ものも持たず（執着を放して）去るのと似ている。だから魂の進化には役立つのである。

（同書、二一頁）

このようにして、今回の被災によって多くの人々の魂が執着を脱落して、急速に進歩をとげたということは大いにあり得るし、その通りだったと私は考える。しかし、このことと、人間の集団としての国家や社会が今回の大災害の後に進歩するかどうかは、別次元の問題なのである。

## 震災はどんな心の表現か

さて、先に挙げた「震災の被災者は高級霊なのか」という問いに対しては、そうである場合もあるし、そうでない場合もあるというのが私の答えだった。多くの読者は、こんな答えでは満足しないかもしれない。しかし、そもそも人間の霊が〝高級〟であるか〝低級〟であるかという問いは、「人間は神の子である」と説く生長の家の教えから考えると、何となく奇妙である。つまり、「人間・神の子」の教義からすると、すべての霊は高級でなければおかしい。にもかかわらず、ここで〝高級〟とか〝低級〟が問題にされるのは、本来完全なる人間の実相が霊界においてどれだけ表現され、開発されつつあるかという、現象身としての「神性開発の程度」の問題だと理解すべきである。

さて次に、二番目の問いについて考えよう。すなわち、現象界の出来事は皆、我々の心の表現であるという「唯心所現」の教えにもとづくと、今回の震災はいったいどんな心の表現であるか、という問題である。このような言葉に置き換えると、二番目の問いは、実は五番目の問いとほとんど同じ内容であることが分かる。五番目の問いは「人心の乱れが震災につながったのか?」だった。この問いは、より一般的な二番目の問いの特殊な形である。だから、二番目の問いにきちんと答えることができれば、五番目に対しても自ずから答えが出るはずだ。

二番目の問いは、また次のような形に言い換えることができる——「我々は今回の大震災を目撃して、それを〝舞台〟や〝映画〟に喩《たと》えるならば、どのようなストーリーを読み取るべきか？」。ここで念のため断っておくが、この〝ストーリー〟という言葉は、今回の震災の犠牲者が遭遇した悲劇を面白おかしく形容するために使うのでは決してない。ストーリー（story）という英語は、日本語では「物語」とか「歴史」とか「小説」とか「筋書き」など何種類もの意味を含む語で、中には「おとぎ話」とか「伝説」とか「うそ」という意味まである。が、私はここでは「筋」や「構想」という日本語に該当する意味で使いたい。つまり、この大震災をめぐり多くの人々に起こった出来事の細部の違いに注目するのではなく、この大事件の犠牲者や被災者、さらには私を含めた被災しなかった日本国民の大多数に共通する大きな〝流れ〟や〝傾向〟は何であるか、ということだ。

こう考えてみると、まず思いつくのは「想定外」という言葉である。この言葉は最近、あまりにも多く使われるので価値が下がってしまったようだが、今回の震災は、日本が国家として、また社会として、さらにそれを構成する大多数の国民にとっては、まったく予期せず、準備をしていなかった出来事であると言われることだ。もちろん、国民全体の中には、必ず大地震が来ると信じて準備していたというような例外的な人もいるだろう。が、大多数の日本人は、日本が地震国であり、実際に大きな地震や津波が頻繁に起こってきたにもかかわらず、「それほどのものは来ないだろう」と高《たか》を括《くく》っていたのである。

このことは、妻がブログで紹介した寒川旭氏の著書『地震の日本史』（中公新書）に具体的に書いてある。つまり、東北の三陸地方には、沖合を震源地とする大地震で何回も大津波に襲われてきた歴史があるのだ。比較的最近では、明治二十九年六月十五日にM八・五の大地震があり、その後に襲った大津波で一万戸近くの家屋が失われ、二万人以上の死者が出ている。また、昭和三年三月三日にも三陸沖で地震があり、平均で二〇メートルの波高の津波が押し寄せ、死者不明者三千人が出ている。だから、地震の専門家の人たちは、今回のような大地震と大津波が三陸地方で起こる可能性を「知らなかった」はずがない。知っていて警告も発したかもしれないが、社会全体が「そんなものはもう来ない」と考えて相手にせず、「来ても防潮堤で防げる」とか、「原発もこの程度の備えで大丈夫」などと考え、自然の力を侮《あなど》ってきたのである。

これは、言い換えれば、科学・技術の力を過信してきたと同時に、自然に対して「何があっても大したことはない」という傲慢《ごうまん》な考えを持ち続けてきたということだ。それは結局、人間至上主義が背後にあるからである。この考えから「科学や技術の力で自然を押さえ込む」という方法が採用され、それが、ダム建設や護岸工事、防潮堤の建設、そして原発の原子炉の「圧力容器」の構造などにも反映している。

秋田県での講習会でこの問題に触れたとき、私は「何の理由もなく大勢の人命が失われた」という訴えに対して、「本当にそうだろうか？」と疑問を呈した。我々は「与えれば、与えられる」「奪えば、奪われる」という心の法則を学んでいる。個人のレベルでなく、国家や社会、さらには人類のレベルで自然との関係を振り返れば、我々はこれまで「自然から奪い続けてきた」という事実を認めなければならない。例えば二〇一〇年に南九州で口蹄疫《こうていえき》が発生したとき、我々はブタや牛などの家畜に対して、どのような仕打ちをしただろうか？　このことは同年五月のブログ[*2]にも書いたが、我々は公衆衛生上の理由ではなく、経済的な理由によって十万頭以上の家畜を殺処分した。また、それ以外にも、経済発展という目的のために、数多くの生物種を絶滅に追いやってきた。そういう我々が、自然界から「奪われないですむ」ということはないのである。

## 観世音菩薩の教え

秋田市の講習会参加者からの質問の中で、答えが難しいのが「観世音菩薩」に関するものだ。それらを以下に再掲しよう――

③今回の震災の奥にある観世音菩薩の心とは？
④震災の犠牲者は観世音菩薩だというが、その意味は？

この質問が出てきたのは、私が「自然と人間の大調和を観ずる祈り」（本書三七三～三七七頁に収録）の中で「大地震は〝神の怒り〟にあらず、〝観世音菩薩の教え〟である」と書いたからだろう。質問者は、その祈りの言葉をすでに読んでいて質問したと思われる。私はこの祈りの中で、右の言葉にすぐ続けて「我々の本性である観世音菩薩は、〝人間よもっと謙虚であれ〟〝自然の一部であることを自覚せよ〟〝自然と一体の自己を回復せよ〟と教えているのである」と書いた。

この中で注目してほしいのは「本性《ほんしょう》」という言葉である。生長の家では、我々人間の「本性」ないし「本質」は神の子であると説く。同じように仏教では、人間の本性を仏と見ている。本性とは国語的には「生まれつきの性質」とか「本心」などと説明されるが、これでは生物学的な性質（いわゆる五欲）も人間の本性に入れられてしまう。だから、宗教的には、そんな人間以外の動物にも備わった特徴を除いていき、最後に残った「人間の人間たるべき本質」のようなものを意味する。これは、もっと一般的には「良心」と呼ばれるものに近い。そういう優れた〝本性〟がどんな人間にもあって、それが言わば〝内側から〟個々の人間に何かを教える。そのことを仏教では「観世音菩薩」と呼ぶのである。

こういう理解に立ってみると、「大震災は観世音菩薩の教え」とは――我々が大震災の惨状や、被害の甚大さや、多くの人々の土地や家や仕事が無に帰するという悲惨な現象を体験し、あるいは見聞したとき、我々の〝本性〟が内側から語りかける教え――という意味になる。その内容を、私は「人間よもっと謙虚であれ」「自然の一部であることを自覚せよ」「自然と一体の自己を回復せよ」と三つ挙げた。もちろん観世音菩薩は各人の心の中にいるのだから、その教えの内容も各人必ずしも同じでないだろう。だから、この三つは私の解釈だといっていい。同意する人も、しない人もいるだろう。

さて、ここまでの説明には、抜けているところがある。それは、「観」という字が示す人間の心の状態についてである。「観世音菩薩」という語は、古代インドの文語であるサンスクリットの「*Avalokitesvara bodhisattva*」の漢訳である。この原語を、インド人を父にもつ中国人翻訳家のクマラジーヴァ（鳩摩羅什、三四四～四一三年）は「観世音菩薩」と訳したが、『西遊記』で有名な玄奘《げんじょう》（六〇二～六六四年）は「観自在《かんじざい》菩薩」と訳した。この原語の「*avalokita*」までが「観」に該当し、ある対象を心の中に思い浮かべ、それと自分とが同化することを念じ、実践することを指す。日本語に「観察」という言葉があり、これはよく英語の「observe」と同一視されるが、同じ

「観」の字を使っていても、観世音と観察では「観」の意味がまったく違うから注意した方がいい。

観察の場合、観察する者と観察される対象は明確に分離される。科学の態度がこれに該当する。科学者は、研究対象から得たデータを客観的に、冷静に判断しなければならないから、自分を対象と同一化してはいけない。例えば、自分が立てた仮説に合致するデータだけを集めて、そうでないデータを無視した研究などは、科学者としては失格である。これに対し、生長の家に「神想観」があるように、仏教の多くの瞑想法には「観」という語がつく。そして、仏教者が「観」をする場合は、瞑想中のイメージに自己を没入させることで自分の意識（自我意識）を消すことが求められる。仏教者の松原泰道氏は、観の意味を「心中に深く対象を思い浮かべて、その対象に自分が同化して一体となる実践[*3]」と定義している。

このような意味で「観」をとらえるならば、我々が今回の大震災から「観世音菩薩の教え」を正しく聴くためには、被災者の無念や苦しみ、嘆き、悲嘆に心を寄せることはもちろんだが、さらにその〝内側〟から上がる本性の声を聞かなくてはならないのである。

## 天災はなぜ起こる

少し前の二〇〇五年十月のことだが、茨城県つくば市で行われた生長の家講習会で、受講者からの質問にこういうものがあった――

最近、地球規模の天災・人災（ハリケーン、地震）etcについて詳しくお教え下さい。人間神の子とはどうしたらいいのかetc？

ちょっと舌足らずの文章だが、趣旨はだいたい想像できる。質問用紙には、このほか「東京・世田谷」という文字と女性の名前が書いてあった。私は、この質問を次のような意味だと解釈した――

最近、地球規模と言えるほど大きな天災や、人災とも言えるハリケーンや地震の被害が起こりますが、その理由をお教え下さい。〝人間・神の子〟の信仰をもつとは、こういう場合どう考え、どう行動したらいいのでしょうか？

私は大略、次のように答えたと記憶している。

私はまず、地震や天災の起こる「時間軸」のスケールが、人間と地球とでは相当異なるという点を指摘した。言い直すと、人間は生活の中で時間を考えるときには一年とか二年を単位として、せいぜい十年か二十年先のことまでしか考えないが、地殻変動は百年、千年、一万年という長い時間の中で普通に起こるものである。この時間軸のスケールの差が、地球にとっては「自然な」現象である大地震等の地殻変動を、人間にとっては突発的な「異常」現象や「災難」のように感じさせる。地球上のどの地点で地震が起こりやすいかは、すでに科学者によって以前から指摘されている。しかし、人間の方では「もう十年も何も起こっていないから」とか「他の人も大勢、家を建てているから」などという、人間中心の短期的視点で土地の購入や開発の決定をくだしてきた。

例えば、二〇〇四年十二月二十六日に発生したスマトラ沖地震とその後の大津波で災害が大きくなった原因の一つは、このような短期的視点にもとづき、人間が沖合いのサンゴ礁や沿岸のマングローブの林を破壊して、外国人目当てのリゾートホテル等の施設を次々と海岸近くに建設していったことが指摘されている。サンゴ礁やマングローブは津波を防ぐ天然の防波堤の役割をしてきたのに、である。また、アメリカ南部のニューオーリンズの町でも、ここが海抜ゼロメートル以下であり、大きなハリケーンが来れば浸水や水没の危険があることは、専門家によって昔から繰り返し指摘されてきたにもかかわらず、「これまで深刻な被害がなかった」というような短期的な見方が優勢を占めたために、真剣な対策は講じられず、ついに惨事が起こるべくして起こったと言える。

また、この二〇〇五年八月末のハリケーン「カトリーナ」の襲来前後に報道されたアメリカのＡＢＣニュースでは、南カリフォルニアのあるリゾート地域が暴風雨の襲来によって大きな被害を受けたことに関連して、この地域が砂地で地盤が弱い「危険地域」であることを知りながら、これまで多くの家が海岸線に建てられてきたことを伝え、その理由は「ここは絶景だから」だと解説していた。このような例では、一見「天災」のように見える事柄も「人災」の要素を多く含んでいることがよく分かる。

「天災」が起こることと関連してもう一つ、私が講習会の話で触れたことに「人間の活動」がある。これは、人間の活動によって地球温暖化が起こるという事実を考えれば理解しやすいだろう。今や世界の人口は七十億人を超えたという。これだけの数の人々の大多数は河口や海岸近くに集中して住んでおり、都市化と近代化の波に乗って化石燃料を大量に使い、二酸化炭素を大気中に大量に放出しつつある。これによってヒマラヤやアルプスの高山の雪が溶け、氷河は後退し、極地の氷は溶けて海中に流れ出し、全世界で海面上昇が観測されている。言うまでもなく、海面上昇は河口や海岸に住む人々の生活に直接影響する。また、科学者の研究[*4]では、地球温暖化は台風やハリケーンを巨大化させ、集中豪雨や旱魃《かんばつ》を深刻化させることが指摘されている。こういう事実を踏まえて考えてみると、いったい「災害」とはどこまでが本当の意味で「自然に」起こる現象（天災）であり、どこからを「人間の活動」の結果——つまり、人災——と見なすべきかは、きわめて判断がむずかしくなる。

そういう状況下で、「人間は神の子である」という信仰をもって生きるということは、どう考え、どう行動することなのだろうか？　これは「すべては自己の責任である」という自覚をもって生き、行動することだ。「天災」というような、自分と関係のない〝巨大な怪物〟が突然、自分を襲うのではなく、自分を含めた人類の過去からの行動が積み重なって生じた結果を（一部は予測できていたにもかかわらず）、我々は不本意にも摘み取りつつあるのである。だから、この種の災難を避けるためには、正しい知識にもとづいて正しく判断し、行動することが大切である。我々の行動の基準を「欲望」に合わせるような生き方は改め、化石燃料を使わない、また生態系を破壊しない生き方へと転換することが求められているのである。

## 大地震は〝神のはからい〟？

二〇一一年五月二十二日には北海道の音更《おとふけ》町文化センターで十勝教区の生長の家講

習会が開催され、九一〇人の受講者が参集した。

午前の私の講話に対する質問は三件と少なかったが、その中に今回の震災に関するものがあった。私はそれに答えたのだが、その場の答えが十分意を尽くしていたかと訊《き》かれると、答えに自信がない。そこで不足部分をここで補いたい。質問は、七十歳の女性からの次のようなものだった――

神が宇宙を作られたと話されました。それならば今回の東日本大震災は、神のおはからいなのでしょうか。政治家も〝神のみぞ知る〟と云われましたが、終息はどうなるのでしょう。原発の放射線など人体に悪影響をもたらしています。人類の滅亡とも思われます。もし神がいるならば、宗教的にどのように考えれば良いのでしょう。

この質問は、前半は大地震のこと、後半は原発のこととして分けて答えるべき性質のものだ。前半の質問は、大地震などの天変地異は神がもたらすものかどうか、という内容だろう。後半の原発の問題は、人間の営みの一部である科学技術の問題だから、前半とは少し性質が異なる。しかし、今回はこの二つがほぼ同時に起こったため、我々の一般的な印象では「二つには同一の原因がある」と感じるのだ。そのことを、この質問者は「もし神がいるならば、宗教的にどのように考えれば良いのでしょう」という形で表現していると思われる。つまり、大地震と原発事故の二つをもたらした共通原因があると考えているのである。

三月十一日以降、原発事故の原因についての調査が進んできているので、読者もこの二つには共通原因はないことがお分かりだろう。すなわち、大地震の原因は地球の地殻変動であり、原発事故の原因は、その地殻変動を予見していながら、可能な限りの事故防止策を講じてこなかった人間の側の怠慢《たいまん》が原因である。より具体的には、福島第一原発で使われていた原子炉の構造上の問題、非常用発電機の位置の問題など、津波に対する備えが不十分だったことも指摘されている。さらに、人間の心の問題を指摘すれば、地震後の大津波による被害をこれだけ大きくした原因の一つには、過去の大津波の経験を重視せず、技術力を過信した点も否《いな》めない。このように見てくると、原発事故は〝人災〟の側面がかなり強いと言える。

では、前掲の質問の前半部分は、どう考えるべきだろうか。つまり、「地震などの天変地異は神がもたらすものか？」という質問である。私は、講習会の場では、「大きな天変地異は昔から定期的に起こっている」という話をした。ただし、この「定期的」の意味は、「人間の尺度から見た」定期的ではなく、地質学的な意味での定期的だ。読者はすでにご存知のことだろうが、地震の原因は、地球表面の地殻と最上部マントルが合わさった「プレート」と呼ばれる部分が動くからである。日本列島の真下ではいくつものプレートがぶつかり合っていて、そこに周囲から常に巨大な圧力が加わっている。そこにある程度の力がたまると、やがてバネが弾けるようにプレートが動いて圧力が発散される。これの大きなものが何百年に一回という〝定期的に〟起こっている。それは〝神の計らい〟か？　と訊《き》かれれば、普通の意味では「そうではない」と答えるべきだろう。この「普通の意味」とは、辞書にある意味だ。三省堂の『大辞林』によれば、「はからう」とは「考えて、適切な処置をする」ことであり、「都合の良い方法を講ずる」ことである。だから、この場合は「神がそれぞれの地震に、それぞれの目的や意図をもって、都合の良いように起こす」という意味になる。そのように、「神がこの世の艱難を意図的に起こす」という考え方を、生長の家では採らない。

しかし、その一方で、生長の家では「神は法則である」とも「法則の形をもって現れ給う」とも説く。この観点から考えると、地震などの地殻変動は、物理学や化学の法則にもとづいて起こるのであるから、地震の起こる所には「神が現れている」と考えることもできる。そうすると「地震などの天変地異は神がもたらすものか？」という質問には、「そう言うこともできる」と答えても完全な間違いではない。しかし、その場合、自然界の法則によるのは、「百年に一回起こる大地震」だけではなく、「九十九年間は大地震が起こらない」状態も当然含むのだから、「九十九年間の地殻の安定は神がもたらす」ということも同時に言わなくてはならない。なぜなら、〝法則としての神〟は、人間にとって悪いことだけをもたらすのではなく、良いこと、ありがたいことも、常にもたらしているからだ。例えば、飛行機事故が起こるのは、重力の法則なくして考えられない。しかし、その同じ重力の法則は、雨を降らし、川を流し、木々の根に水を含ませ、人間に飲料水を与え、果実や穀物を育て、動物を養っているのである。〝法則としての神〟は、悪い現象の中にのみ現れるのではなく、常に、あらゆるところに、幸福や繁栄ももたらしている。そのことを思い出せば、神を恐れる前に、まずはその偉大な恵みに感謝しなければならないだろう。

＊1　二〇〇二年、日本教文社刊。
＊2　著者のブログ「小閑雑感」二〇一〇年五月十一日「口蹄疫は何を訴える」。同じ文章は『小閑雑感 Part 18』、二六九〜二七一頁に収録。
＊3　松原泰道著『「観音」のこころ——いま、智慧と慈悲を生きる』（かんき出版、一九九六年）、三〇頁。
＊4　例えば『タイム』（*TIME*）誌、二〇〇五年十月三日号の Jeffery Kluger, "Global Warming: The Culprit?"

## 3　原発事故から何を学ぶべきか

### 〝原子力立国〟ではいけない

経産省資源エネルギー庁が二〇〇六年六月にまとめた中長期的エネルギー計画案は、「原子力立国」という言葉を使い、将来の原発増設や核燃料サイクル推進を目指して〝電力会社後押し〟の姿勢を打ち出した。二〇三〇年ごろに本格化する既存原発の建て替えに備え、それ以降も日本の電力の三〇~四〇%を原発で賄《まかな》うことを前提に、技術開発や設備投資をしやすい環境を整えていこうとしたものだ。同年八月に正式決定した。

私は、地球温暖化の反省から生まれた「循環型社会の実現」という目標と、世代間倫理を尊重する立場、さらに自然エネルギー利用の分散型社会の実現の観点から、〝原子力立国〟には反対した。原子力発電は、原油高と温暖化防止の目的から欧米で巻き返しの機運が起こったが、原発のもつ基本的問題が解決されていないことを忘れてはいけない。私たちは「核燃料サイクル」という呼称から、原子力利用が循環型であるかのように思いがちだが、その基本的問題は、放射性廃棄物の処理が「循環型でない」ということだ。放射性廃棄物は、自然界では決して循環できないものだから、現状では頑強な容器に密閉して地中深く埋めておくほか仕方がないのである。それが将来引き起こすかもしれない問題は、すべて次世代や次々世代の人間が背負うことになるのである。これは環境問題と同じく、現世代の繁栄のために次世代に深刻な問題を押しつけることになるから、世代間倫理にもとる間違った行為と言わなければならない。

次に、原子力発電は旧世紀型の中央集中型エネルギー利用であり、地球温暖化時代に欠かせない「環境との共生」と両立しにくい。中央集中型利用とは、人口が集中する場所から離れた地に、大企業が大型構造物を建設して大規模にエネルギーを生み出し、それを送電線などで都市その他の地に分配する方式である。これは原子力のみならず、火力や水力発電にも共通する方法で、自然破壊と、遠距離送電によるエネルギーの減衰《げんすい》を必然的にもたらす。また、巨大エネルギー企業を温存させ、市場の独占や寡占《かせん》を継続させることになるから、コストの削減につながりにくい。さらに、紛争や災害時の脆弱《ぜいじゃく》性も問題になる。

これに対し、自然エネルギーの利用では、国土全域に遍在している風、太陽光、河川、森林、地熱、バイオマス等の自然物から得るエネルギーを、それぞれの地に住む人々が必要なだけ利用することになる。これだと、自然の恩恵を受ける者とエネルギー開発による受益者とが同一だから、「自然界の営みと人間の生活のバランスを取る」という動きが生じやすい。日本のように、国土の大半が山地であり、各地に複雑独特な地形や気象が存在する場では、それぞれの土地に適した自然エネルギー利用法があるはずであり、それらは皆、地方地方によって微妙に異なると思われる。そのような地方それぞれのエネルギー事情／需要に合った自然エネルギーの組み合わせを実現することが、自然との共生には欠かせないだろう。そのためには、巨大企業や中央政府の主導ではなく、地方の事情に通じた人々の工夫と互いの調整が必要であり、それが今後の政治の重要な役割の一つになると思う。

もっと具体的に言えば、「循環型社会」を目指す二十一世紀のエネルギーは、原子力ではなく水素が有望だ。世代間倫理を尊重しつつ、現在のエネルギー消費の水準をあまり下げずに利用できる方法は、まだ多く開発されていない。しかし、水素を利用した燃料電池の技術はすでに実用段階に達している。今後人類は、自然エネルギーを水素など別の形で保存して、そこから電気を取り出して文明生活を送ることになるだろう。その場合、自然エネルギーはどこでも入手でき、かつ貯蔵できるから、必要な場に小規模の装置を設置すれば足りる。これが、分散型のエネルギー利用である。これによって中央集中型エネルギー利用から生じる遠距離送電のロスがなくなり、誰でもエネルギーの供給者になりえる社会が来ると予想される。ここでは巨大エネルギー企業は不要になると考えられ、そういう巨大企業に支えられた巨大統治機関も不要となる。これが分散型エネルギー利用社会で、政治的には地方分権が進んで〝小さな政府〟が実現すると思われる。

まぁ、ここまで書くと〝夢物語〟のように聞こえるかもしれないが、資源やエネルギーの利用方法の転換によって、政治的な力関係も変わっていくという〝大きな流れ〟を読み取ってもらえば幸いである。この〝流れ〟の中では、原子力利用は「旧世紀の遺物」である。自然を愛する日本人の国としては、〝自然エネルギー立国〟が最適の選択だと私は思う。

## 原発事故の情報開示は不適切

大震災から一週間ほどたった三月十九日の午後、ジョギングに出かけた。前日は全国的にとても冷え込んだが、朝の予報では東京地方の最高気温が一七〜一九度になるという話だったから、春の心地よさを味わうことができると思ったのだ。確かに心地はよかった。ジョギングコースである明治神宮外苑には、私以外にも、カラフルなトレーナー姿の多くのジョガーたちが軽快に走っていた。風もなく、太陽の光はやさしく肌を温め、鳥たちはさえずりながら無邪気に木々の間を飛んでいる。しかし、その心地よさに私は考え込んでしまった。

静かな土曜日の心地よい東京から東北へ約二二五キロのところでは、この東京都に大量の電気を送っていた原子力発電所が地震と津波で破壊され、人体に危険な強い放射線を吐き出している。その強烈な放射線漏れを制御しようと、大勢の専門家や技師、自衛隊員、警察官、消防官などが生命の危険を冒して努力している。また、放射線被曝の恐怖から逃れようと、ここからさほど遠くない東京武道館（足立区）と味の素スタジアム（調布市）には、原発のある福島県から避難してきた人が収容され、その数は三月十八日午後七時現在、二五四人になり、さらに増え続けている。日本政府が問題の「原発から半径三〇キロの圏外は安全」と言うのが信じられずに、東京は安全だというので避難してきたのだろう。

が、スリーマイル島の原発事故の経験があるアメリカでは、政府が事故現場から「半径八〇キロ圏内」に住む米国人に避難勧告を出した。また、日本政府よりそちらを信じた韓国、英国、オーストラリア、ニュージーランド、メキシコなどは、同様に自国民に半径八〇キロ圏外への避難を勧告した。東京さえ危険だと考える国もあり、イラク、バーレーン、アンゴラ、パナマ、クロアチア、コソボ、リベリア、レソトの八カ国は、外務省に対して正式に大使館の一時閉鎖を通告、ドイツやオーストリアなどは大使館の大阪移転を決断したという。これは恐らく〝パニック反応〟だろうが、それほど恐ろしいものを人類は造ってきたのだ。

この〝パニック反応〟の背後は、日本政府への不信がある。テレビを見ていても、きちんとした情報を開示したうえで、責任ある立場の政治家が明確な価値判断をしているようには思えない。こんな時には、大学教授や現場責任者に話をさせてはいけない。彼らは事後の自分の立場を考えて、できるだけ価値判断を避けて発言する。それは仕方がないことだ。こういう国家の危機の際には、政治家が全責任を負って国民を守るのでなければ、政治家である価値はない。「混乱を避ける」のが理由で情報を開示しないという態度は、ガン患者に告知をしないのと同じで、何の解決にもならない。患者は、医師や家族を疑いながら死んでいくことになる。

事故現場から約四五キロにある福島県三春町に住む作家で僧侶の玄侑宗久《げんゆうそうきゅう》氏は、三月十九日の『朝日新聞』にこう書いている――

政府は屋内退避指示の範囲を変えていないが、本当にそれでいいのか。原発から三〇キロ圏外ならば、このままとどまっていても安全だという根拠は何なのか。いつまでとどまっていていいというのか。

現場はとにかく情報が交錯している。原発近くにいる我々は、この国の指示を本当に信じていいのかどうかという、自問の渦中にある。

原子力発電を国家の基幹産業の一つとして採用したのであれば、その恩恵だけを喧《けん》伝《でん》するのではなく、リスクを十分に知り、それを国民に隠さずに知らせるべきである。政府の隠蔽《いんぺい》体質は自民党時代からの遺産であるが、これは言葉を変えれば「国民不信」ということだ。今回の原発事故では、その国民不信が、逆に国民の政府不信を生んでいると言えるだろう。

## 太陽は一種の〝原子炉〟

福島での原子力発電所の事故を重く見た諸外国が、日本政府の発表を信じずに〝パニック反応〟にも似た行動をしたことに関連し、私は、「それほど恐ろしいものを人類は造ってきた」と書いた。これは、必ずしも感情的になって書いた言葉ではない。私たちが晴天下、春の日差しを浴びながら爽快にジョギングできるのは、実は〝奇蹟的〟といってもいいことなのだ。なぜなら、太陽からは地球に向かって常に大量の紫外線が出ているのに、私たちは少しも病気にならないからだ。読者は、その理由について思い出してほしい。

この〝奇蹟〟の主な理由は、地球の周囲を大気がすっぽり覆《おお》っているからだった。その大気の組成は、窒素、酸素、オゾン、二酸化炭素、水蒸気などで、このうち約二一%を占める酸素は、陸上の植物や海中の藻類や植物プランクトンが生み出している。そして、これに太陽の紫外線が作用すると、大気の外側にオゾン層が形成される。オゾンは波長二〇〇～三〇〇ナノメートル[*1]の紫外線をよく吸収するので、生体内の

ＤＮＡを破壊する太陽の紫外線をカットする働きをもっている。つまり、植物の光合成は、動物に必要な酸素を生み出すばかりでなく、オゾンを生成することで地上の生物全体を守っているのである。

太陽は、一種の〝原子炉〟である。ここでは核分裂ではなく、熱核融合反応が起こっている。その結果、生物に有害な紫外線が地球に届くのだが、これを生物全体が協力して大気とオゾン層を作ることで防いでいる。もちろん、太陽はこのほか生物に熱とエネルギーを与えることで、生物の繁栄を支援してきた。だから人類は、これらすべて——太陽、植物、動物、酸素、オゾン層——のおかげで生存してきたのだ。にもかかわらず、現代人は、人体に有害な放射線を出す〝小型の太陽〟を近くにわざわざ造って、これでエネルギー問題と安全保障問題を解決できるなどと考えている。

太陽の〝原子炉〟は、地球から一億五千万キロも離れた遠方に置き、生物全体で協力して有害光線をカットすることで、初めて生命の擁護者たりえたのだ。それなのに、大都市の近くに設置しても、周囲を鋼鉄の容器や頑丈な防護壁で固めれば安全だと考えてきたのが、おかしいのである。それに、日本にある多くの原子炉は、旧式であり、安全性が万全であるとは言えないのだ。

東京電力福島第一原子力発電所で使われているタイプの原子炉は、その構造上の問題が一九七二年ごろから繰り返し指摘されてきたらしい。二〇一一年三月十七日付の『インターナショナル・ヘラルド・トリビューン』(IHT)紙が伝えた。それによると、この型の原子炉は一九六〇年代にアメリカのジェネラル・エレクトリック社(GE)によって開発されたもので、BWR(沸騰水型軽水炉)と呼ばれる。が、現在の世界の主流はPWR(加圧水型軽水炉)というタイプだそうだ。

BWRは、冷却材(水)を原子炉内で沸騰させ、その水蒸気を直接タービンに送って発電する方式だ。この場合、冷却システムが故障すると、原子炉中の燃料棒が熱しすぎるので、原子炉を包む圧力容器が破壊され、放射性物質が戸外へ漏れる危険性がある。だから、この圧力容器の強度が重要である。これに対してPWRは、蒸気タービンを回す蒸気は原子炉の圧力容器の外へ導かれて、別に設けた蒸気発生装置に送られ、そこで二次冷却剤を沸騰させる設計になっている。この記事によると、これらの設計上の違いにより、圧力容器の頑強度はPWRの方がBWRよりも高いとされている。

GEは、一九六〇年代にBWRを開発したとき、PWRよりも安価で、建設もしやすいことをセールスポイントにしたという。が、アメリカ政府当局内では、早くからこの型の原子炉の弱点が指摘されてきた。例えば、一九七二年には、アメリカ原子力委員会のスティーブン・ハノーア氏は、GEのBWRの圧力制御システムには「容認しがたい安全上の危険」があるとの見解を表明した。これに対し、ジョセフ・ヘンドリー氏は同じ年、この型の原子炉を禁止するという考えは「魅力的」であるが、この方式は、業界や政府当局にこれまであまりに広く受け入れられてきたので、「方針転換は、特にこの時期においては、原子力の利用に終止符を打つことになるだろう」と答えたという。ここにある「この時期」の意味は定かでないが、アメリカは一九七九年にスリーマイル島の原発事故を経験している。そして、アメリカでは現在、十六の原子力発電所の二十三基の原子炉がBWRだという。

ところで、私はこの文章を書くのに今、平凡社の『世界大百科事典』（一九八八年刊）を開いているが、そこにある「原子炉安全」という項目には、次のような記述がある。

施設の位置については、安全確保に支障のあるような自然的あるいは人工的事象——たとえば地震や津波、洪水や爆発性の製品を扱う工場の存在など——が過去にもこれからも発生しないことが第一に求められる。

地震国・日本の海岸線に原子力発電所がどれくらいあるかを考えると、戦後の原子力政策を推し進めてきた自民党政権と業界とに、百科事典にある〝常識〟が欠けていたことは認めねばなるまい。

## 原発事故の背後にある問題

私は前節で、福島第一原発と同タイプの原子炉は、「構造上の問題が一九七二年ごろから繰り返し指摘されてきたらしい」と書いた。ところが、その後もＩＨＴは三月二十三日付で、また『ウォールストリート・ジャーナル』（WSJ）は三月二十四日付で、さらに米誌『タイム』[*2]も三月二十八日号で、この大事故の背後には、このような構造上の問題以外にも、いろいろな問題があることを指摘したのである。

IHTの指摘には、福島第一原発の一号機の予備用ディーゼル発電機に強圧によるヒビ割れが事故前に発見されていたことが挙げられた。この一号機は、大震災の約一カ月前に十年間の使用期限延長が認められたばかりだったという。さらに、この政府の承認後七〜八週たって、東京電力は、六基の原子炉の冷却水ポンプ、ディーゼル発電機を含む原子炉冷却システムに関連する三十三カ所の点検を怠《おこた》っていたことを認めたという。このことは原子力安全委員会のウェブサイトに発表され、その後に大地震と大津波が福島第一原発を襲ったのだ。

この事実を取り上げて、同紙は「原発の運営会社と政府監督官庁の不健全な関係」があると指摘した。具体的には、旧式の原発の使用延長を認めた同委員会の専門委員は、監督官庁から雇用されていて、その決定にお墨付きを与えこそすれ、反対することなどめったにないという。さらに、原発に対する抵抗が強い日本では、新規の原発建設は年々難しくなっている。このため電力会社は、旧式原発に問題があっても、原子炉の「四十年」という法定使用期限を延長することによって、しのいできた。一方、政府も、海外の化石燃料への依存度を減らす目的で原子力発電の拡大を進めてきたから、電力会社のこの措置には概《おおむ》ね同情的だったという。

同紙はまた、福島第一原発の原子炉の設計を担当した技師の話として、この原子炉で特に問題なのは圧力抑制室が小さいことで、そのため原子炉内の圧力が上昇しすぎる危険性があると指摘した。この欠陥は、改良型の原子炉ではなくなっているという。が、この技師は、そういう点が改善されたとしても、システム全体が――配管も、機械類も、コンピューターも原子炉自体が――古いから交換時期に来ていたのだという。そういう原発に、今後十年間の使用延長を認めた監督官庁を、我々は信頼してきたのだ。

九州大学副学長の吉岡斉《ひとし》氏は、三月二十五日付の『朝日新聞』で原発事業者と政府との〝癒着〟の危険性を次のように指摘した――

日本の原子力発電事業の特徴は、政府のサポートが、他の国に比べてずっと強いことだ。所轄官庁と電力業界がほとんど一体になっている。（中略）他の国では、支援することはあっても、政府が事業計画まで細かく介入したりはしない。

原子力安全・保安院は経産省傘下だから、安全行政も経産省が事実上握っている。特に二〇〇一年の中央省庁の再編以来、（中略）経産省が推進も規制もするという今の仕組みができてしまった。

三月二十四日付のWSJは、これとは別の「非常用復水器（isolation condenser）」の増設の必要性について書いた。これは、電力に頼らずに原子炉の冷却を行う装置で、今回のように地震と津波によってすべての電源が失われた場合、数日間、原子炉の加熱を和らげることができるとされている。だから、この間に外部電源を復旧しなければならない。二〇一〇年十月、原子力安全委員会で長期計画を検討する会合があったとき、ある関係者がパワーポイントを使い、この技術が「地震と津波から来る危険を追加的に減らす」効果があると説明したという。が、この発表は、福島第一原発のためではなく、今後の新規増設の際のものだったそうだ。非常用復水器は、すでに同原発の一号機に設置されていた。ただし、他の五基にはなく、一号機のそれも、事故時には高熱のため使用不能となったと思われている。つまり、危険性は認識されており、それを回避する技術もあったのだが、残りの五基に設置する必要性は認められなかった。

一方、『タイム』誌が注目したのは、予備電源を供給するためのディーゼル発電機の位置だった。福島第一原発では、これを一階のレベルに置いたことで、四台あったすべての発電機が津波によって使用不能に陥り、原子炉の冷却が不能になった。一階レベルに置いたのは、津波が来ても防潮壁で防げると考えたからだ。これを二階レベル以上の高さに設置しておけば、今回の惨事は防げたかもしれないというのである。

また、放射線漏れを深刻化させた要因の一つに、使用済み核燃料プールの位置と形状のことが指摘された。福島第一原発では、原子炉の加熱によって水素爆発が起こり、原子炉建屋の屋根が吹き飛んだ。このため、覆《おお》いのない核燃料プールが外部に露出することになり、冷却機能の停止もあいまって、プールから放射性物質が直接外気に発散される事態となったのである。

このように見てくると、「原子力発電は安全」という主張には相当な誇張があると考えねばならないだろう。

## 「原発のない生活」は不自由か？

私は「自然と人間の大調和を観ずる祈り」（本書三七三〜三七七頁に収録）の中で「大地震は〝神の怒り〟にあらず、〝観世音菩薩の教え〟である」と書いたが、この未《み》曾《ぞ》有《う》の大震災を体験して初めて学ぶ、貴重なレッスンが数多くあった。この「貴重な」という言葉には、何万人もの人命が犠牲になったことへの無念の想いが込められていることを付言させてほしい。そのレッスンの一つが、現代生活と電力との関係だ。東京では、夜が早くなった。いわゆる〝計画停電〟と企業や商店などが行う節電によって、デパートや飲食店のディスプレイ用の照明が半減し、閉店時刻が早まったことによって、私たちは、一時代前の生活にもどったのである。私が小・中学生の頃は、夜は暗いのが当然だった。デパートや商店は午後六時頃には閉店し、週に一度は定休日があった。自動販売機は、普及開始が一九五〇年代後半だから、街にはほとんどなく、深夜まで煌々《こうこう》と明るいコンビニ店は、もちろん存在しなかった。

夜、日比谷まで足を延ばして「東京が静かだ」と思った。騒音が少ないだけでなく、人通りも少ない。ショーウィンドーの照明が消えている。地下鉄を使う人が少なく、ゆっくり座れる。エスカレーターは「上り」は動いているが「下り」は止まっている。地下街では広告の照明が消えていたり、間引かれている。飲食店では、料理の見本を並べた飾り棚の照明が消えている。普通、それを見ると「閉店だ」と思うが、中にはちゃんと客がいる。が、数が少ないから、店員はていねいに応対してくれる。夜は暗いし、人々は暗くなったら家へ帰って、家族で食事をする——かつては〝当たり前〟だったこの生活を、大震災が我々に体験させてくれたのだ。

考えてみれば、これが「原発のない生活」なのである。原子力発電所は、一日二十四時間、週七日間、毎週、毎月、何年も停止せずに電気をつくり続ける。停止しないほうがコストが安いのだ。というわけで、原発を導入すれば夜間の電気の〝垂れ流し〟は必然となる。すると、〝夜間電力〟なる安価な電力の体系が生まれるから、夜間営業や、夜間工事、夜間照明が経済的メリットを生むようになる。人間は自然の一部であるが、発達した大脳によって自然の欲求や生理的傾向を抑圧し、左脳的な判断を優先させながら生きることができる。言語や数字の操作に長《た》けている左脳にとって、経済的利益はとてもわかりやすく、魅力的である。これに対して、自然と密着した生理機構——体内時計やホルモン分泌のリズムなど——からの信号は、（右脳に伝わっても）左脳には伝わりにくい。だから、経済的利益の追求を〝善〟とする人たちは、どうしても自然的利益（生物学的利益）を犠牲にする方向へ動くことになる。

医学の発達が、この方向への人々の動きを加速させた。人間は、右脳や生理機構からの信号を受け取ることができる。眠い、だるい、気分が優れない、疲れる、頭痛がする、肩がこる、眠れない、起きられない……理由が判然としなくても、生理機構は我々にこのような〝警告〟を伝えるようにつくられているが、人間はそれを「薬をのむ」ことで黙らせる方法を開発した。何のためか？　もちろんそれは経済的利益——つまり、左脳の欲求を優先させるためだ。こうして、現代人は薬を〝友〟のように信頼して、経済的利益の追求に猛進していったのだ。それはまるで、原発を〝友〟として成長した戦後の日本経済のように……。

作家の小池真理子氏が地震後の三月二十四日の『日本経済新聞』に「言霊の祈り」と題して書いていた。同氏は高校時代を仙台で過ごし、学生運動に若い血をたぎらせたそうだ。その仙台が、壊滅的被害を受けた。衝撃の中で、同氏は戦後をこう総括している――

私たちはこれまで、凄《すさ》まじく暴力的に前進し続けてきた。その繁栄と進化は頂点に達し、それでもなお、膨張は繰り返された。あげく、あちこちで歪《ひず》みが生じた。しかしなお、誰もそれをやめようとしなかった。津波はそうしたものすべてをのみこんで、去っていった。

私は、戦後の日本が〝前進〟し、〝進化〟したかどうかは知らない。しかし、ある一方向へ突き進んで〝壁〟に突き当たったことは確かだ。福島第一原発の破壊は、それを象徴している。もう同じ方向へ進むことはできない。小池氏は、〝別の方向〟を次のように描いている――

私たちは生来のやさしさや愛、勇気など、人間の本質的な何かを取り戻さざるを得なくなっている。引きこもりや孤絶、無縁、といった言葉は今や、過去のものになった。人々は血縁地縁を超えて連帯し始めた。これが三月十一日以前の日本と同じ国なのだろうか、とすら思う。

被災者のために、その時、日本全国が支援の手を差し伸べていた。期せずして、四《し》無量心《むりょうしん》の実践が大々的に行われていたのだ。私は、四無量心の四番目の「捨徳《しゃとく》」こそ左脳偏重の都会生活への執着を断つことであり、それを象徴する原発との決別であると考える。

## 科学技術と自然界

イギリスの科学誌『ニュー・サイエンティスト』(*New Scientist*)の二〇一一年三月十九日号は論説ページ[*3]で、東日本大震災に関連して、科学技術と自然界の関係についてよい考察をしていた。論説の細部については疑問を感じる点がないわけではないが、大まかな論旨には賛成である。それを簡単にまとめれば、「自然は人間の予測を超えている」ということだ。

この「予測」というのは、我々のような普通の常識人が、日常生活の中で「明日は天気になるか?」とか「来年は円安になるか?」とか「孫は試験にうかるか?」などと憶測することではない。この予測とは、先進各国の科学者が協力して、現有の最高の科学的知識を用い、スーパーコンピューターによって最良の予測モデルを走らせて行う種類の〝最良の予測〟である。大地震は、過去においても人類に甚大な被害を及ぼしているから、それを事前に予測できれば被害の程度を少しでも減らすことができる。だから、地震学者を初めとした世界中の科学者は、地震予知の精度を上げることに努力を傾けている。にもかかわらず、今回の大地震は、その位置や大きさはもちろん、被災地に及ぼす影響（原発事故を含む）なども、まったくと言っていいほど予測できなかった。

しかし、同誌の論説は「予測できないから仕方がない」とか「諦めろ」と言っているのではない。そうではなく、我々は「だからこそ、自然界への影響を最小限にするよう努力すべきだ」と言うのである。また、日本では、福島第一原発からの放射線流出のことが大きな問題になっているが、この論説は「原発事故より地球環境改変の方が、はるかに重大だ」と結論している。この論理は一見意外に思えるが、論理的にはそれほど間違っていない（ただし、私の意見は違う）。論説は、現在の原子力科学の正確さを信頼していて、「放射線物質は最小の原子のレベルまで比較的簡単に特定でき、その拡散や崩壊（decay）の状況はモデル化することができる」という。「モデル」とは、コンピューターによる予測プログラムのことだから、モデル化できるということは「予測できる」という意味だ。論説はその一方で、「二酸化炭素の排出が今世紀、地球にどのような気候変動をもたらすかを正確に予測することはできない」といっている。

つまり、予測できるものは抑制や制御もしやすいから、原発の危険性の問題は、地球温暖化にともなう気候変動の問題よりも深刻でない、というのである。この結論に、私はにわかには承服できない。というのは、これに至るまでに、論説者は科学技術上の問題しか考慮していないと考えるからだ。原子力発電所の建設によって生じる問題は、科学技術以外にもきわめて多岐にわたる。

まずコストが膨大であるから、それを負担できる企業や団体は〝大資本〟でなければならない。また、電力のような公共性の高いものをめぐっては企業間の競争関係を作りにくいので、経済的には「独占」か「寡占」状態になりやすい。そこで今回の東京電力のような行政との癒着や、政党との馴《な》れ合いの問題が生じる。また、いったん建設した原発は、その建設コストを回収するまでに長期間の運用が必要だから、勢い抜本的改良に躊躇《しゅうちょ》し、老朽後も使い続けるという危険性が生まれる。福島第一原発の場合は、それがまさに事故原因の一つだと言える。さらに、原発は一箇所で莫大な量の電力を生み出すため、大都市の電力がそれに依存し、非常時の際のリスク回避が困難になる。これは今回、関東地方に住む我々が痛いほど経験したことだ。

加えて原発は、核拡散問題やテロなどによるリスクを生み出す。簡単に言えば、原発内で生まれる核物質を元にして、兵器の開発が行われる可能性のことだ。これは、言わば治安上、国際政治上のリスクだが、今回の事故を契機として、この分野で私の脳裏に新たに浮上してきたのは、別の政治・軍事上のリスクである。今回は、観測史上まれな規模の大地震と大津波によって原発の機能が破壊された。直接的な原因は、「冷却機能の停止」である。これがM九・〇の揺れとその後の大津波によって起こるのであれば、直接的にもっと大きな揺れと破壊をもたらす「ミサイル攻撃」によって起こらないと、はたして誰が言えるだろうか？　私は十分起こりえると考える。その場合、そんな悪意をもった国やテロ集団が存在するかどうかが問題になるが、読者はどう思うだろう？

原発の機能や構造に関しては、時間の経過とともに今後も安全対策は進んでいくだろう。しかし、前述した経済上・社会上・政治上のリスクは、原発の増設にともなってより増大すると私は考える。これを言い直せば、どんなに安全で効率的な原発が開発されても、大資本の独占や政治との癒着の問題、大都市の原発依存、政治・軍事上の危険性は拡大していくということだ。そういう点を、科学誌の論説者は見逃しているのではないだろうか。だから、私はできるだけ速やかに原発は廃止し、自然エネルギーの分散利用に向けてエネルギー産業の構造転換を断行すべきだと考える。

「自然は人間の予測を超えている」という同誌の論説の認識は、「だから原発事故より地球環境改変の方が、はるかに重大だ」という結論に結びつくのではなく、「だから原発増設も地球環境改変も、やめるべきだ」という結論に行き着くべきだと思う。なぜなら、原発増設は人類のエネルギー消費の増大につながり、それはすなわち地球環境改変につながるからだ。原発の供給するエネルギーのおかげで、首都圏の人間がこれまで何を実現してきたかを振り返れば、このことは明白である。

## 三段階で技術社会を考える

イギリスの科学誌『ニュー・サイエンティスト』の二〇一一年五月十四日号に、原子力発電所の事故に関する興味ある考察[*4]が掲載されていた。米アリゾナ州立大学工学部のブレーデン・アレンビー教授（Braden R. Allenby）とダニエル・サレウィッツ教授（Daniel Sarewitz）によるもので、「今、我々が住む世界は技術的、社会的にあまりにも複雑化しているので、それらを生み出した近代啓蒙主義的な考え方は、我々の行動指標とするには危険な場合が出てきている」というのである。両教授の論旨を述べよう――

例えば、今回の大地震と福島第一原発の事故をめぐっては、人々は相容れない二つの考えに分かれがちだという。一つは、「これによって原子力発電が抱える異常なほどの危険性が明らかになったから、原子力発電はやめるべきだ」とするもの。もう一つは、「これによって原発の新しい安全設計が進むのだから、地球環境のために、また人類のエネルギー需要に応えるために原発の利用を推進しなければならない」というものだ。しかし、両教授に言わせれば、これらの考えには一貫性がなく、理解困難であり、今日の複雑な技術社会をめぐる決定の指針には全くならないというのである。こういう問題が起こる原因は、それぞれの論者が技術的複雑さのレベルの違いに気づかずに、人間の理性的行動の限界について混乱を来《きた》しているからだという。

第一段階では、原発は、人間の造ったシステムとしては、一定の電力を極めて安定的に供給することができる優《すぐ》れものと言える。この場合、原子力発電の技術はシステムの機能として捉《とら》えられる。

第二段階では、一つの技術を複雑なネットワークの一部として捉えなければならない。例えば、原子炉は、それを抱える一回り大きな「社会」というシステムがもつ送電網に連結されていて、人々の生活の安定はこれに依存している。さらに、この送電網自体も、別の複雑なネットワーク——例えば、自動車産業など製造業のネットワーク、運輸や交通のネットワーク、また情報ネットワークにつながっている。

第三段階では、複雑さはさらに拡大し、人間によるものはもちろん、それ以外の自然界にある可変的で、適応的な関係も含むことになるから、我々が正確に理解し、予測できる範囲を超えてしまう。原子力利用の問題は、この段階に至ると、地殻プレートの動きや、人間の文化や社会的変化の力——気候変動への恐怖、生活レベル向上の要求など——と組み合わさっている。

科学技術の問題をこのような三段階に分けて捉えてみると、我々の周囲で行われている議論の中心は第一段階の問題であり、副次的に第二段階の問題が議論されていることが分かる。人間は主としてこの二つのレベルにおいて、物や技術を造り、それらを理解し、利用した結果を経験する。我々はこれらの二段階のレベルで、技術の実行可能性や好ましさ、危険度などを評価する。その限りにおいて、問題の複雑さに呑み込まれてしまうことはない。

しかし、第三段階の問題は、これら二つのレベルの問題と同等に「リアル」であることを忘れてはいけない。にもかかわらず、人間はこのレベルの問題に突き当たると、とかく「想定外」だと考えるのである。しかし、これはまさに〝人間が生んだ地球〟の問題であり、技術革新を重ねながら人間社会が生み出した必然的結果として今、我々の目の前にある。だから、我々がこの〝人間が生んだ世界〟の中で倫理的に、理性的に、そして責任をもって生きるためには、次の基本的な〝認知の不協和〟を受け入れなければならない。すなわち我々は、自らが最も信頼するものを、最も強く疑わねばならないのだ。

——なかなか強烈な論旨であると思う。が、これと同様のことは、現代の科学技術が抱える問題として、私がこれまで『神を演じる前に』（二〇〇一年）や『今こそ自然から学ぼう』（二〇〇二年）などの中で何度も訴えてきたことだ。そのことを、日本の原発事故を契機として、海外の科学者が科学誌の中で指摘するようになったことに、私は何か複雑な気持を覚えるのである。

## 人間が生んだ世界

先に触れたアレンビー、サレウィッツ両教授の論文中に、「人間が生んだ地球」という言葉があるのを見て、私は一瞬驚いた。原語の英語は「the anthropogenic Earth」である。「the Earth」は我々がよく知っている「地球」のことだ。が、それを修飾する「anthropogenic」という語は、あまり見かけない。人類学は英語で「anthropology」であるから、「anthropo-」という語は「人類」を指す。接尾語の「-genic」は「〜を生み出す」とか「〜が発生する」という意味の「-gen」の形容詞形である。すると、「anthropogenic」は、「人類が生み出した」というほどの意味になろう。しかし、我々人類はいつ「地球」や「世界」を生み出したのだろうか？　恐らく普通の日本人の感覚では、「世界」や「地球」は人類発祥以前から存在しているから、「人間が生んだ世界」という表現は何か間違っているように聞こえる。しかし、前記の二人の大学教授はその可能性を知りながら、あえてこの表現を使っているに違いない。アレンビー教授は「土木工学と倫理」を専門としており、サレウィッツ教授は「科学と社会」の関係が研究分野だ。つまり、二人とも科学や工学などの人間の営みが、自然環境を含めた周囲のより大きな広がりにどう影響するかに関心をもっていると思われる。二十一世紀初頭の世界や地球は、人類が発祥した当時はもちろん、いわゆる〝近代化〟が始まった十八世紀末と比べても、著《いちじる》しく変化してしまった。それはとりもなおさず、人類が造り上げてきた文明のおかげである。だから現在の地球は、そして世界は、人類の創造物だ――そういう考えが背後にあると感じられる。

科学技術から甚大な恩恵を得ている我々は、それが自分の周りで使われることにほとんど何の違和感もない。それどころか、「便利になった」「楽になった」「面白くなった」「刺激的だ」……などと、ほとんど無条件でそれを歓迎してきた。だが、今回の大震災と原発事故の影響でそのごく一部が利用できなくなってみると、自分たちの〝当たり前〟の生活が、どんなに「自然」や「世界」のもとの状態とかけ離れてしまったかを痛感しなかっただろうか。

私は当時、夜の東京の〝暗さ〟や、地下鉄や地下街へ行くエスカレーターの〝節電のための停止〟、高速道路の〝見えにくさ〟、照明を消されたショーウインドーに気がつくと、自分がこれまで生きてきた〝自然〟や〝世界〟が、人間に干渉される前のオリジナルな「自然」や「世界」とは似ても似つかないものだったことを、改めて感じたものだ。夜は暗いのが自然な世界だ。地下鉄や地下街など存在しないのが、自然な世界だ。夜道は暗くて見えにくいのが、本当の自然だ。我々は、自分たちの都合でこのような諸々《もろもろ》の〝不自然〟を造り上げてくる過程で、「自然」や「世界」を深く、大きく改変してきたのだ。

これらのことは、しかしアレンビー、サレウィッツ両教授の強い関心事ではないようだ。それよりも両教授は、さらに強力で、新しく、結果の予測が難しい科学技術を〝五人の騎兵〟に喩《たと》えて警鐘を鳴らしている。それらは、ナノテクノロジー、バイオテクノロジー、ロボット工学、情報通信技術、応用認知科学の五つである。〝五人の騎兵〟とは、聖書の最後の書『ヨハネの黙示録』に登場する「死」「飢饉」「疫病」「戦争」などの〝破壊の使い〟のことだ。だから両教授は、人類が生み出した最先端科学技術を肯定的に見てはいないのだろう。そして、次のように言う——

原子力についてと同様に、（これらの科学技術をめぐる）現在の論争や政策論は、極端に走りがちだ。一方の陣営はこの〝五人の騎兵〟の中に人類の救済を見出すが、反対の陣営は、人間から尊厳と自由を吸い取る化け物のように見なす。このような論争は、正直言って単純すぎるだけでなく、もう機能不全に陥っている。我々はすでに、そういう技術社会を造り上げてしまったのだから、今本当に必要なことは、その影響をより深く知り、その中で理性的に、責任をもって、倫理的に生きるにはどうしたらいいかを知ることである。

技術社会を放棄せずに、人間の尊厳を保って生きていくにはどうすべきか？　この問いかけは、〝森の中のオフィス〟の活動を通して生長の家が目指すものと共通点があるのである。

## 科学技術は選択すべし

さて、アメリカの二人の大学教授は、先端技術の「影響をより深く知り、その中で理性的に、責任をもって、倫理的に生きる」べきだと書いていたが、具体的にどうしたらいいかは述べていない。私は、年ごとに強力となり、影響力を増しつつある科学技術について、全部を否定したり、全部を丸ごと肯定するのではなく、それぞれの技術の性格をよく知り、それを使うであろう我々人間の（現象的な）性質を考慮し、理性的に、責任をもって、倫理的に考えれば、ある種の科学技術については、人類として使用を禁じたり、制限するという「取捨選択」が行われるべきだと考える。

このことは、核兵器や生物・化学兵器などの大量破壊兵器に関しては、相当程度の国際合意ができている。また、戦争法規の分野でもかなりの合意があり、〝人道に関する罪〟という新しい概念もできつつある。大体、「兵器」と呼ばれるものは皆、科学技術の産物である。その中で破壊力が著しいものを選んで、開発や使用を制限することができるのだから、戦争のためでない科学技術の分野でも、同じことができないはずはない、と私は考える。そういう意味で、今日、原子力発電という技術を取り上げ、今後の利用の是非について世界中が検討を進めていることは、好ましいことだと思う。世界的な合意は簡単にはできないだろうが、〝人間の作品〟を全面的に肯定する段階から、人類は一歩成長したと見ることができるからだ。

ところで、福島第一原発の事故の調査・検証委員会の委員長になった畑村洋太郎・東大名誉教授が、二〇一一年五月三十日の『日本経済新聞』で〝人間の性質〟について興味ある見解を述べている。それによると、人間には次の三つの習性がある――

①見たくないものは見ない、
②考えたくないことは考えない、

### ③都合の悪い事柄はなかったことにする

畑村名誉教授によると、これらの習性から生じた〝人間万能〟の錯覚が、今回の大震災で津波被害や原発事故を拡大させたというのである。簡単に言えば、人間は間違い、失敗するという事実を忘れ、科学技術の力を〝過信〟したことが悲劇を生んだのだ。その畑村氏が、こう言っている――

原子力はエネルギーを取り出すのに大切だが、ものすごく危ないものだとの前提で付き合うべきだった。完全に制御することはできないうえ、いったん制御が外れると暴走を止めるのは容易でないことを認識しておくべきだった。

が、同時に畑村氏は「日本が原子力を使わずに生きていけるとは思わない」と書いている。私はこの点、同氏とは意見が違う。この文章を書いている時点で、日本全体の原発の七割ほどが停止している。しかし、日本人はちゃんと生きているのだ。同じ年の五月二十五日の『朝日新聞』夕刊によると、日本学術会議は当時、原発の即時撤退から段階的な自然エネルギーへの代替、原発推進まで四つの選択肢を検討していたという。すなわち、①原発を即時全面停止して火力などで代替する、②五年程度で原発分の電力を自然エネルギーと省エネで代替する、③二十年程度で原発分の電力を自然エネルギーで代替する、④誰もが安全だと認める原子炉をつくり、将来も重要なエネルギーとして位置づける——の四段階だ。

私はこの中では、ぜひ②を選んでほしい。もし、いろいろな理由でそれが無理なら、せめて③の方向へ日本は進むべきだと思う。新しくやることは山積している。日本の政治家は政争にうつつを抜かしている暇などないのである。

＊1　一ナノメートルは、十億分の一メートル。
＊2　Jeffrey Kluger, "Fear Goes Nuclear", *Time*, 28 March 2011, pp. 25-28.
＊3　"The Fallout from Fukushima", *New Scientist*, 19 March 2011, p. 5.
＊4　Braden R. Allenby and Daniel Sarewitz, "We've Made A World We Cannot Control", *New Scientist*, 14 May 2011, pp.28-29.

# 4 〝新しい文明〟の構築へ

## 原発問題への一視点

震災後まもなくの休日を利用して、妻と渋谷で映画を見た。『ミツバチの羽音と地球の回転』（鎌仲ひとみ監督）という題で、美しい自然の風景が映し出されそうに聞こえるが、実は原発問題をテーマにしたドキュメンタリー映画だ。妻が新聞記事を見て提案したので、私はタイムリーな主題に惹《ひ》かれて二つ返事で賛成した。一三五分のその映画を見て、私はぜひ読者にその内容を紹介しようと思った。原子力をめぐる日本のエネルギー問題を真面目に考える人は、この映画が訴える視点を無視してはいけないと思った。

瀬戸内海の西側の入り口近くに「祝島《いわいしま》」という小さな島がある。現在の人口は五百人足らずだが、昔はその十倍あったという。山口県上関《かみのせき》町に属し、日本の田舎の例に漏れず、人口減少と高齢化が進んでいる。ということで、〝地方の振興〟を旗印にして、祝島の対岸三・五キロの上関町内に中国電力が原子力発電所を建設する計画が、二〇〇八年九月に町議会で承認された。祝島の人口は同じ町の他の地域より少ないので、反対票が多数にならなかったのだ。しかし、島民にとっては死活に関わるので、計画承認後も、島民は団結して反対運動を展開した。

その反対運動が描かれていく途中で、映画の舞台はスウェーデンに飛んで、同国のエネルギー政策に焦点が合わされる。特に、そこのオーバートオーネオ市は、同国最北にあり、二十六年前には失業率も高く、平均収入も同国最下位だった。が、市民はこの国で最初に持続可能都市になると宣言し、風車を建て、豊富な森林資源を利用して木質ペレットによる地域暖房のインフラを造った。これによって化石燃料の使用は劇的に減少し、持続可能な自然エネルギーだけに頼る生き方の実現が見えてきている。スウェーデンには原発も存在するが、一九八〇年の国民投票で「脱原発」を決めたから、残存の原発は政府の援助もなく、事故の際の補償は無制限とされたため、廃炉になっていくらしい。

この二つの国の差は、どこにあるのか？——というのが、この作品の訴えようとするものだ。最大の違いは、スウェーデンが電力会社の独占を廃して、配電送電の電力線を公共物として開放したことだ。これに対して日本は、ご存知のように、戦後一貫して十の電力会社が発電・配電・送電を地域的に実質独占している。そして、原発や火力発電所のような大規模・集中型の施設を造ってきたので、小規模・分散型の自然エネルギーの活用は、構造的に排除されているのである。福島の原発事故により、この産業構造の問題に加えて、政治や行政との〝癒着〟の問題も大きいことが実感されている。

日本ではまだ原発への支持率が高いが、これは恐らく「それ以外に選択肢がない」と思っている国民が多いからだろう。しかし、この作品ではずいぶん違う側面が描かれている。風力や太陽光はもちろん有望だが、「波力」というのに注目している。自然エネルギーによって高効率で電力を得ることができる方法は、現在は風力が一番だが、その風が海水を動かした波力は、物理学的にいうと発電効率もエネルギー効率も風力より高いという。そして、日本が〝島国〟であることを考えれば、〝波力資源〟がいかに豊富であるかがわかる。しかも、この分野の技術面でも日本はトップクラスにあるらしい。

## 菅氏の〝新〟エネルギー政策

二〇一一年五月二十六日の新聞各紙は、OECD（経済協力開発機構）の設立五十周年記念行事での菅直人首相（当時）のエネルギー政策見直し演説について、大きく報じた。東日本大震災の経験から学び、日本の発電量全体に占める再生可能の自然エネルギーの割合を「二〇二〇年代のできるだけ早い時期に二〇％にする」という中期目標を発表するというのだ。これは国際会議の場での意見表明だから、数値目標をともなった事実上の国際公約と言える。日本の自然エネルギーの利用割合は二〇〇九年時点で約九％というから、これを十年間で倍増以上させる考えだ。また、この九％の大半は水力発電によっていて、大型ダム建設が困難な現状では、今後の増加分のほとんどは風力や太陽光などの再生可能エネルギーで賄《まかな》わねばならない。

二〇一〇年六月に策定した政府のエネルギー基本計画では、総電力に占める自然エネルギーの割合は「二〇三〇年までに二〇%」とされていた。同時に、原子力発電の割合は「五〇%以上」となっていたので、私にとっては大変遺憾だった。原発は、人間至上主義の〝権化〟のようなものであり、しかも世代間倫理を軽視しているからだ。それが、大震災と福島第一原発の事故を経験したことで、大幅の方針転換となった。これからの原発の増設はほとんど不可能だろうから、日本は自然エネルギーの目標割合「二〇%」を達成するために、経済も産業も政治も、様々な新規分野に本気になって取り組んでいかなければならない。日本経済は、いよいよ「自然と共に伸びる」形で進んでいかねばならないのだ。

これと同じ二〇一一年五月、ソフトバンクの孫正義社長が〝メガソーラー構想〟なるものを打ち出した。八百億円規模の事業費で、全国十カ所で地元自治体と協力して大規模太陽光発電所（メガソーラー）を建設し、二〇メガワットほどの電力を自前で生み出すらしい。同月二十六日の『日本経済新聞』によると、全国十九の地方自治体と組んで「自然エネルギー協議会」という組織を結成し、「電力不足への懸念が広がる中、同社が主導して電力会社に依存しない仕組み作りを目指す」という構想だった。具体的には、農地転用への規制緩和を提言し、全国の休耕田や耕作放棄地に太陽光発電所を建設することを考えていた。また、風力や地熱の利用も視野に入れていたようだ。この協議会に参加を表明していた自治体は、北海道、秋田、埼玉、神奈川、山梨、長野、静岡、愛知、福井、三重、岡山、広島、香川、高知、佐賀、長崎、熊本、大分、宮崎の十九だが、『朝日新聞』によると、大阪や兵庫など七府県を抱える「関西広域連合」も参加を検討していた。また『日経』は同年五月二十六日の夕刊で、鳥取県の平井伸治知事が、孫氏の計画に参加する意思を表明したことを伝えた。孫氏の計算では、全国の休耕田や耕作放棄地の合計は五四万ヘクタールだが、この二割で太陽光発電を行えば五千万キロワットの電力供給が実現するから、「今夏のピーク時の東京電力の供給能力に匹敵する」のだそうだ。

このように〝中央集中〟でない〝地方分散型〟の自然エネルギーの利用を、私は大いに歓迎する。

ところで、生長の家の国際本部が二〇一三年に移転する予定の山梨県北杜市には、すでにメガソーラーの施設がある。北杜市はこの分野では先進的で、二〇〇六年度から長坂町夏秋および塚川地区（秋田工業団地とその周辺）の約一〇ヘクタールの土地に、NTTファシリティーズなどと共同で、電機各社の太陽光発電パネルを大量に並べた二メガワット（二〇〇〇キロワット）級の大規模太陽光発電システムを構築し、「大規模電力供給用太陽光発電系統安定化等実証研究北杜サイト」として、系統連系時に電力系統側へ悪影響を及ぼさないシステムの開発を目指した実証研究を行ってきた。この研究は二〇一一年三月で終了し、四月からは北杜市営の「北杜サイト太陽光発電所」として新たにスタートしている。

## 〝森の中〟で太陽と生きる

このような動きをさらに前進させるために、生長の家も同年五月二十五日の会議で

〝地域貢献〟と〝自然エネルギー重視〟の方向へ一部方針転換を行った。

これまでの方針では、〝森の中のオフィス〟は太陽光発電と太陽熱利用の組み合わせで二酸化炭素の排出量をほぼ〝ゼロ〟にする予定だった。その場合の〝炭素ゼロ〟は、東京電力からの供給分を同社への売電によって相殺することを基本的に意味していた。しかし、福島第一原発の事故処理が長引くことが予想され、さらには他の原発も稼働停止や廃炉の可能性も生じていることから、オフィスでの電力自給を視野に入れることにしたのである。

これを別の角度から言えば、生長の家は今回の原発事故の教訓として、次の三点を確認した——

①原子力発電所の危険性
②首都圏の電力が地方の大きな負担で賄われていること
③電力供給の地域独占に多くの弊害があること

この三つのマイナス要素を最小限に抑えたエネルギー利用を考えたとき、「電力自給」を目標とすべきとの結論に達したのだ。つまり、原発は縮小していかねばならないのだから、そこから電力供給を受けるのは避けるべきだ。また、中央集中型のエネルギー利用形態を改めるためには、ローカルな発電設備が必要である。さらに、ローカルに作られた電力はローカルに消費されるべきである、ということだ。

これに加え、東日本大震災で明らかになったことの一つは、電力の独占が電力インフラの脆弱性《ぜいじゃくせい》を生んでいるということだ。簡単に言えば、電力会社一社が被災したら、その地域の電力はすべて使えなくなるか、使えたとしても〝計画停電〟によって仕事や生活が振り回されてしまうということである。資金力のある大企業は、この不都合を自家発電によって避けている。我々も、その観点をもつべきだと判断した。

生長の家の〝地域貢献〟は、我々を受け入れてくださる地域の人々への感謝の気持の表れである。中央集中型の経済の問題を肌身で感じている地域への〝恩返し〟と言ってもいい。その場合、電力インフラの脆弱性の問題は地域経済に共通しているだろうから、我々の発電能力に余力があれば、周辺地域の人々に使ってもらうのがいい。

これは、地球温暖化抑制のための〝炭素ゼロ〟運動を生長の家内部だけでなく、地域社会にも拡大していくことにつながるはずだ。

さらに具体的に言えば、生長の家の移転先である北杜市は、「人と自然と文化が躍動する環境創造都市」というキャッチフレーズを掲げて「環境日本一の潤いの杜づくり」を目指している。この構想に資するため、生長の家は、オフィスや職員寮で発電した電力を冷暖房のほか交通手段にも利用することで、$CO_2$の排出削減を進め、もし可能であるならば、市と協力して、太陽光発電などの再生可能エネルギーの利用促進と、充電インフラの整備を含めたエコカーの普及に取り組みたいと考えている。我々はこうして〝森の中〟へ行き、地域の人々と共に太陽の恵みを最大限に利用して生きたいと思う。

## 〝森の中のオフィス〟概観

次に〝森の中のオフィス〟の設計について簡単に述べよう。オフィスは木造二階

建てで、その屋根のほぼ全面に太陽光発電装置と太陽熱集熱器を備える。外観のデザインは、本部の会議での数回の見直しの後、ここに掲げたスケッチに描かれたものにほぼ決まっている。太陽光で作った電力は蓄電池に貯めて利用し、天井部分から導入した太陽熱は壁面を通して床下へ送り、主として暖房に利用する。オフィスの外壁には地元産のカラマツ材を横張りする予定だ。壁面は通風をよくするため、木枠の窓を大きくとり高断熱のガラスを使う。建物からはウッドデッキを張り出すことで、外気に直接触れて〝森林浴〟ができるような執務環境を作る。

ざっと描くとこうなるが、〝炭素ゼロ〟を可能にするエネルギー系統について補足しよう。オフィス建物の施工は清水建設が行うが、ここは環境技術の研究に熱心である点が評価された。例えば、二〇一一年五月二十七日付の『日本経済新聞』には、同社が夏の節電対策として、東京・江東区の技術研究所の省エネオフィスを〝本番稼働〟することが報じられている。そこでは、「太陽光発電と蓄電池を組み合わせ効率的に電力を使うマイクログリッド（小規模分散型電源）と各種の設備機器を一体的に運用する制御システムを研究所の全フロアに導入。電力消費を昨夏比で三七％削減する」としている。我々もこういうシステムを利用できれば、消費電力を最小限に止めることができるだろう。なお、オフィスが立地する標高一三〇〇メートルの高地では、冬場かなり冷え込むので、太陽エネルギーの不足分はバイオマス発電とそこからの熱利用を予定している。

オフィスの立地場所は八ヶ岳南麓のなだらかな斜面で、そこへスケッチ画のように木造建築が南北に並ぶ。このうちの二棟を西側から見た立面図を次ページに掲げる。夏は真上からの強い日差しを防ぐ必要があるが、冬場は室内にできるだけ日差しを

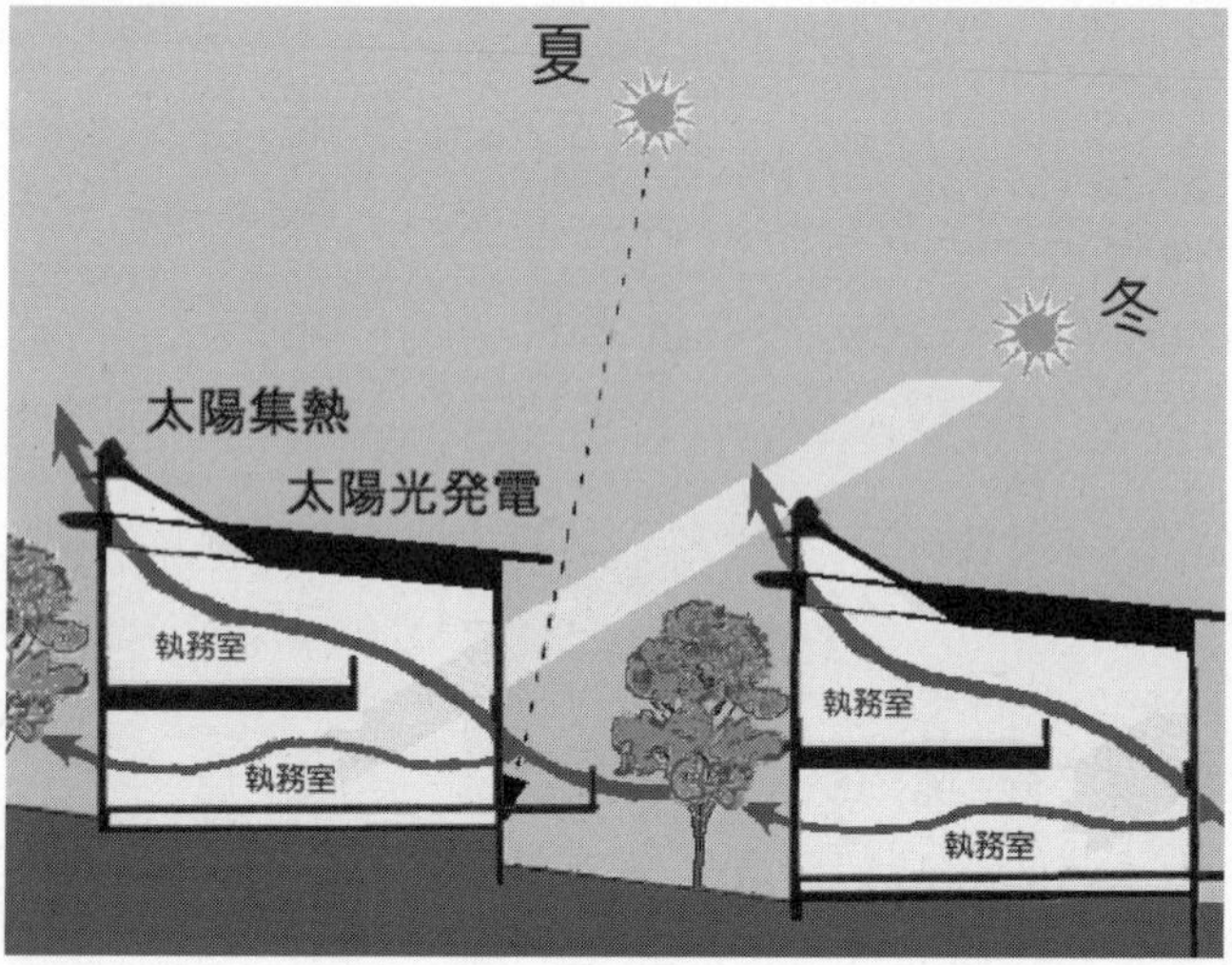


引き入れるために、棟と棟の間には空間がある。また、夏場は南風を通すために、建物の南側を吹き抜け構造にしている。これで、冷房の必要はほとんどないはずだ。前掲のスケッチ画では、手前（東側）に細い川が描かれているが、この川は現在ほとんど水がない。しかし、建物の西側には水量のある川がもう一本流れているので、デッキに出て仕事をしていれば、その音が聞こえてくるはずだ。もちろんそのほかに、森を抜ける風の音や、鳥たちの鳴き声はふんだんに聞けるだろう。

## 人間は森なくして生きられない

二〇一一年二月十八日、東京・原宿の生長の家本部会館ホールでオークヴィレッジ代表の稲本正氏の講演があった。生長の家の役職員が地球環境問題などを学ぶ「環境教育研修会」に、稲本氏を講師としてお願いしたのだ。巧みな話術と博学な知識、気取らないユーモア、豊富な体験談……二時間の講演が少しも長く感じられない充実した時がもてた。

その稲本氏の講演で最も印象に残ったのが、「都会に本当の情報はない」という発言だった。これは一見、ウソのように感じられるが、よくよく考えてみると、我々の錯覚を実に端的に指摘した真理である。我々は、都会にこそ大切な情報があると考えがちだが、その「大切」という意味をよく考えずに使っている。そして、考えれば考えるほど、その「大切」の意味は分からなくなるはずだ。

長く、複雑な要素が交じった稲本氏の話をあえてひと言で凝縮すれば、「人間は森なくして生きられない」ということだ。人間だけでなく、動物はみな森があって生きているのだが、特に人間は森から離れた生活が長すぎるため、この基本的な事実を忘れている。そして、それ以外の、生存にとっては枝葉末節《しようまっせつ》的な知識――人間界の出来事の細部などを〝大切な情報〟だと思っているのだ。森の大切さの詳しい説明は、稲本氏の著書を読めばよく分かる。が、ここでごく基本的で重要なことを挙げれば、我々は呼吸しなければ生きられないということ、酸素がないと生きられないということだ。その酸素を製造するのが「森」で、このほかに地球上に〝酸素製造装置〟はない。酸素の次に人間に必要なのは「水」であり、人の飲料水のほとんどを「森」が製造し、保管している。また、人間は食物を摂取しなければ生きられないが、この食物の基本も「森」だ。

我々の「食物と森」の関係は、ときどき「食物連鎖」という言葉で表現される。つまり、植物が水と太陽光から光合成で炭素を作って蓄え、これを動物が体内に摂取して生存し、人間はこの植物と動物を摂取して生きながらえる、ということだ。ときどき生命の根源は「海」だと言われることがあるが、これは間違いではないが、人間にとっては「森」の方が、より生存に密着している。なぜなら、人間は水棲《すいせい》動物ではないからだ。また、海の生物の多くは、川を通って森から流れてくる栄養素や微生物の恩恵を得ている。だから、森が減れば海中の生物も減少する。ということは、人間にとって本当に大切な情報とは、「森に関する情報」なのである。

では、我々はどれだけ多く「森」について知っているだろうか？　日本の森に今生えている木は何であり、どんな外観をし、どんな葉をもち、どんな性質があり、どんな用途があり、どんな花を咲かせ、どんな動物を養い、どんな宿木や下草を生やし、どんなキノコと共生するのか。また、そういう木の生える森は、時間の経過とともにどんな植生に変化するのか……これらの情報を、頭の中の知識としてだけでなく、目で見て、鼻で匂って、手で触れて、口で味わって体験しているかどうか……と聞かれると、私にはまったく自信がない。恐らく多くの読者も、同じ感想ではないだろうか。そんな知識は中学・高校の教科書で読んだぐらいで、実生活の役に立たない知識だと思い、テストである程度の点が取れたら、その後は忘れてしまう。こうして我々は、森を忘れて都会に出て、都会での便利な、そして恐ろしくムダの多い生活に慣れ親しんでいるうちに、自分たちの都会生活によって世界中の森がどんどん減少していくことに、何の痛みも感じなくなってしまった。

もちろん稲本氏はそこまでは言っていない。が、私はそう思う。この都市化の流れと消費生活の問題について、私はかつて小説『秘境』（二〇〇六年）を書きながら鮮明に感じていた。この小説では、都市化や消費生活だけでなく、現代文明そのものを知らない一人の少女を登場させることで、彼女の生活と、我々の都会生活のどちらに価値があるかを問いかけたものだ。稲本氏の講演を聴いて、私はそのことを懐かしく思い出しながら帰宅したのだった。

## 都会にあるニセ情報

『秘境』のヒロインであるサヨのことを、私はこう書いた――

年齢は十五、六歳。太い眉の下につぶらな瞳が輝く一見、ごく普通の少女。だが服装は、昭和初期を描いた歴史教科書から抜け出てきたように、色あせ、すり切れた着物に身を包み、足には草履《ぞうり》をはいている。彼女はテレビを知らず、ケータイを知らず、マンガも読んだことがなく、読み書きもできない。

その代わり、少女は自然を知っていた。太陽の位置や鳥の飛び方で時間を知り、雲の流れや虫の動きで天候を予想する。森の落ち葉の上に残された糞を見ればその動物が分かり、鳴き声で鳥を言い当て、足跡をつたってウサギの巣を見つけた。実のなる木や草の場所を正確に覚え、食べられる草、薬用の草、毒草の別も知っていた。池の中で湧き水が出る位置を記憶し、周囲に集まる魚をヤスでしとめる敏捷さがあった。

(同書、三九〜四〇頁)

こういう知識は、実際の体験と相まって、山地に住むひと昔前の日本人の多くにとっては〝当たり前〟のものだったはずだ。森の中では労働の負担は大きく、危険と隣り合わせで生活しなければならない。が、その代わり、人間は頭脳的知識と五感とを総動員して自然と接触した。そうしなければ、生きていけないからだ。ところが、都市と農村の分業が行われるとともに経済発展が進み、都市生活者はしだいに自然との接触を失う反面、様々な地域から、豊かな農海産物を簡単に得る機会がふえた。そして今、私たちは黒海のキャビアやアマゾンの果物をスーパーマーケットへ行けば買える環境にいる。

こうして先進国の都市生活者にとって、「自然」は絵画のように抽象的な存在になった。それは、スーパーやデパートのガラスのショーケースに入った、無害、無菌で極彩色のパプリカであり、バナナであり、トマトであり、パイナップルの切り身であり、ショルダー・ベーコンであり、握り寿司である。酒類や清涼飲料は、中身ではなく、容器やパッケージの美しさや奇抜さで選ばれる。品物のそのものの価値よりは、それをどんな有名人が使っていて、どんなイメージが付着していて、それを持つことで自分がどれほどステキに見えるかなどで、売れ行きが左右される。確かに都会では、そういう情報を速く、豊富に、安価に入手することができる。が、人間にとって、そんなものが本当に必要な情報なのだろうか、と私は思う。

稲本氏の講演の中で、ハッとするような言葉があった。それは、テレビやインターネットを通じて得る情報の、基本的欠陥についてのものだ。同氏は、「都会で得られる情報は本当ではない」というのである。これには色々の意味があるが、その一つは、都会では情報をどうやって得るかを考えると分かりやすい。それは、マスメディアとインターネットだろう。メディアにはテレビ、新聞、雑誌がある。稲本氏によると、これらが伝える情報のほとんどは視覚情報と言語情報だ。また、これに聴覚情報が加わることがあるが、あまり多くない。これらは、人間が通常得る「五感」の中の一つか、二つに過ぎない。その他の嗅覚や、触覚、運動感覚の情報は欠落している。欠落しているにもかかわらず、我々はメディアが伝える情報を〝本物〟だと信じる傾向がある。そして、そういう判断のもとに行動するのである。

このことの意味は本書第四章で詳しく説明しているが、単純に考えても、ニセ情報にもとづく判断や行動は間違うことが多いことは分かるだろう。例えば、目と耳だけからしか情報を得られなくなり、触覚や運動感覚が麻痺した場合、日常生活は破綻《はたん》することが多い。そういう神経系の病気の人が実際にいて、そういう人たちは障害になった当初は、簡単に自分の体を傷つけてしまうのだ。例えば、簡単にドアに指をつめたり、刃物の扱いを間違ったり、熱湯を飲んだり、逆に寒冷地では凍傷になる。我々は近年、そんな不完全な認識、間違った判断にもとづいて自然とつき合ってきたのではないか……そう考えてみると、今の「都会生活」と「自然との共存」は両立が難しいことが分かるのである。

## 〝新しい文明〟の構築へ

私は昨今の日本の政治の混迷は、〝文明の転換〟にさしかかった人類全体の混迷の反映であると感じている。産業革命以来、長期にわたって続いてきた〝化石燃料文明〟または〝地下資源文明〟の限界が明らかに見えてきた現在、その旧文明を新文明に転換しなければならないことは、多くの有識者が声をそろえて唱えている。しかし、その具体的方法――つまり、移行過程の青写真が構築できないでいるところの混迷状態である。ここで言う〝新文明〟とは、もちろん再生可能の自然エネルギーを基礎とした〝自然共生型文明〟であり、〝地上資源文明〟である。問題は、この〝新文明〟の基礎となる産業が未成熟で、国の政策決定過程に十分な影響力を行使できない段階にあることだ。その理由も容易に推測できる。たいていの人間は、変化よりも現状維持を望み、新奇なことより慣れていることを選び、既得権や現有財産に執着するからだ。

この既得権や現有財産が、明治維新や敗戦などの政治過程によってではなく、自然災害によって脅かされているのが日本の現状ではないだろうか。今ここで「自然災害」という言葉を使ったが、この中には原発事故も含まれている。なぜなら、自然災害とは一般に、人間が、自分を取り巻く自然システムから予期しない被害を受けることだからだ。自然システムの中には当然、核分裂や放射性物質も含まれる。これらの自然の一部を制御できるという前提のもとで構築された発電所が破壊された。建屋や冷却装置を破壊したのは〝マクロの自然〟であるが、制御不可能となったのは原子炉内部の〝ミクロの自然〟である。

福島第一原発の事故は「予期されていた」という意見もあるが、少数の専門家の間で確率論的に事故が予期されていたという事実はあっても、社会全体が予期しなかったことは確かだ。また、この原発事故は、直接的には大地震後の大津波によって引き起こされたから、大局的に見てそれを「自然災害」と捉《とら》えることはあながち無理とは思わない。もちろんこれは、福島の事故に「人災」の要素が混入していないという意味ではない。経済産業省の幹部や東京電力の経営陣、また歴代の自民党の政策に「原発事故を起こすような自然災害はない」という前提があったことは確かであり、それらの人々の判断に誤りがあったという意味で「人災」の要素は小さくない。

このように考えた場合、過去二回の歴史上の大転換（明治維新、敗戦）よりも、今回の大転換を理解するのは案外容易でないか、と私は考える。過去二回の大転換では、社会基盤や経済の変化、また、国際関係の変化というような「人間社会内」での複雑な動きが大きく関与していた。が、今の大転換は、それより一回り大きい変化――人類とそれを取り巻く自然環境との関係の変化に伴うものである。つまり、過去二回の変化では「人間は自然から無限に得られる」という前提は問題にされなかった。が、今回の変化で問題になっているのは、まさにこの〝自然無限論〟なのだ。世界人口が増大しつづける中、人口の多い新興国が先進国並みの物質消費型生活を目指して経済発展を続けているため、エネルギー需要が激増し、自然が破壊され、大気中の温暖化ガスが増大し、気候変動が起こり、資源獲得競争が激化し、食糧価格が高騰する……

という悪循環を断つことができないでいる。人類はもはや〝自然無限論〟を捨て、〝地球有限論〟のもとで生きる決意をしなければならない。そして、安定的な自然環境が維持できる範囲内に人類の欲望と経済活動を納めながら、世界の中の富の偏在を縮小し、各国が平和裡《り》に共存することができるような制度や仕組みを地球規模で構築していかねばならないのである。

さて、日本において前述した「既得権や現有財産への執着」が顕著なのは、電力業界である。また、重化学工業などもその要素が強い。過去にそれだけ巨大な設備投資をしてきたのだから、当然といえば当然である。しかし、この状態を容認し、放置し続けていると、日本の産業全体が新文明へと移行できず、世界に取り残されるか、あるいは世界と共に資源争奪や権益保護のための武力紛争に突入する恐れがある、と私は思う。だから、多少の政治的混乱があったとしても、再生可能の自然エネルギーを基幹に据える方向へ、また農林業の振興を図る方向へと日本の産業構造を大きく転換していく必要がある。原発は、ただちに全部を廃炉にすることはできないが、可及的速やかに自然エネルギーの利用へと置き換えていかなければならない。そのためにはまず、電力会社の地域独占制度を廃止することが大切だ。これによって、巨大発電所による中央集中型の発電から、自然エネルギーによる地方分散型のエネルギー供給の基礎を作るべきである。

# 第三章

# 自然と共に伸びるために（講演録）

# 1　万物に感謝する生き方をひろげよう

（谷口輝子聖姉二十三年祭／二〇一一年四月二十四日／生長の家総本山）

皆さま、本日は谷口輝子先生*1の二十三年祭にお集まりいただきまして誠にありがとうございます。

今朝は、雨がしとどに降っておりました。幸い今は「快晴」とまではいきませんが、皆さまがお集まりになったときには雨は止んでおりました。こうして輝子先生の生前の御徳を偲び、皆さまと一緒に聖経を読誦してお祀《まつ》り申し上げることができました。

## 東日本大震災がもたらしたもの

私と妻は昨日の夕方こちらに到着しましたが、良いお天気で、公邸には美しい花々がたくさん咲いておりました。それで、何枚も写真に収めました。それから夕食には、総本山のおいしい採りたてのタケノコとか山菜を頂いて、「自然の恵みは本当に素晴らしいなぁ」という感慨に浸ったのであります。しかし、ご存じのように、今年は三月十一日に東日本で大きな震災が起こりました。そして、その復興の仕事もまだ緒についたところである。しかも原子力発電所が被害を受けて、その放射線漏れに伴ういろいろな難しい問題が起こってきていることも、皆さんご存じの通りであります。

その震災や津波――これらは自然界の出来事である。そして、美しい花々やタケノコや山菜も自然界の産物である。同じ自然界のものであっても、この二つには非常に大きな違いが感じられるのであります。その違いが一体どこから出てくるのかということが、とても重要であります。簡単に申し上げると、これは我々人間の心の持ち方が大いに関係していると考えられるのですね。この大震災のおかげで、今年はこれからいろいろ新しい動きが、日本はもちろんですが、世界各地でも起こってくる可能性がありますね。それは、きっと良い方向に向かうであろうと私は考えているのであります。

人間は、往々にして自分が自然の一部であることを忘れてしまうのであります。この明々白々な事実を忘れてはいけない。例えば私たちは、大気を呼吸している。これは人間の製造ではないから、「生かさせてもらっている」のです。私たちは、空気に含まれる酸素の割合が減ってくるだけで、すぐに病気になってしまう。それを「高山病」といいますね。酸素は自然界の植物が生み出しているものですから、私たちはこの自然界とまさに一体であり、その一部であることが分かる。そのことに感謝して生きていくのが本来の人間の生活法であったのが、いつの間にか変わりまして、人間は科学技術の力で何でもできるから、自然を道具として、自分たちだけが発展できればよろしい——そういう考えによる文明が進んできているところに、大きな問題があると思うのであります。

今回の震災は——これは西日本にお住まいの方はあまり感じておられないかもしれ

ませんが——私たち東日本の人間には、まだ続いているようです。ほとんど毎日一回か二回、震度三くらいの揺れが今でもあるのです。ですから、そのたびに思い出します。「ああ、福島ではまだ放射能漏れが続いているんだ……」と。福島からの放射性物質は、風向きによっては東京にも少しは飛来するのです。そういうことを思い出し、そのたびにいろいろ考えさせられます。

今回の震災は〝想定外〟だったということが時々言われますが、本当は決してそうではないということも分かってきましたね。これは皆さまももう新聞などでお読みになったかもしれませんが、今回の震災に匹敵するような規模の地震は江戸時代にもありました。その後の近代にも起こっていて、明治二十九年六月に大きな地震が三陸沖であって、そのために三陸海岸の家が一万戸消滅した。また、この震災によって人は二万人ぐらい死んだだろうと言われています。それから、昭和三年三月三日——これは覚えやすいので覚えておいてください（笑い）——同じ三陸沖でまた地震があって、このときは死者・行方不明者が三千人くらい出たんです。そういうことが日本各地で結構起こっているのであります。

だから、東北の太平洋岸の高台――海岸に面した高台には、昔の人が建てた石塔とか石碑がいくつも建っています。それは、「ここまで津波が来た」という印なのです。しかし、科学技術の力を得た我々は「それは昔の話であって、人間はあの沖に高さ十数メートルの防潮堤を造ったのだからもう大丈夫だ」などと考えて、命がけの経験をした昔の人が建てた石碑とか石塔の高さから、どんどん低い土地に降りていって、そこに町を造り、港を建設し、工場を建てて、大々的に漁業をやる、貿易をやる、加工業をやる――そういうことを続けてきたわけです。ですから、そういう意味で今回目が覚めて、政府も今までとは違う方法で東北地方を立て直そうという考えに傾いているようであります。それにしても、私たち人間は自然界と一体であり、その一部であるから、今後の復興においては、もっと謙虚になって、自然の中で「生かさせていただく」という態度を表していくことが大変重要である――そのように感じております。

震災というのは確かに〝悪い〟ことではありますけれども、その中でも〝善い〟ことはいくつも起こっています。これは皆さまもすでに報道でご存じと思いますが、社会的にいうと、日本人がこんな災害に遭《あ》っても暴動を起こさない、略奪をしない、人々が助け合っているのは不思議であるというので、世界中に報道されて、なぜ日本社会には略奪がないのか（笑い）、その根源はどこにあるのかというようなことがいろいろ評論されているのであります。それによって、日本人全体が「信頼されるべき国民」だということが、世界に伝わっている――これは不幸中の幸いと言ってよいと思います。

また、今回の震災に遭われた方は大変で、本当にご苦労をされていますが、そういう人々が日常の何でもない、当たり前の生活――電灯がつき、食事が作れ、入浴ができ、布団で眠れるということ――が、どんなに素晴らしいかということを、テレビなんかでインタビューを受けて感動して話されているでしょう？　そういうことは、やはり今の物質的繁栄を謳歌している我々にとって、一つの観世音菩薩の教えであると思うのですね。

こういう「物を大切にする」ということ、「与えられていることに感謝する」ということは、ご存じの通り生長の家が昔から皆さまにお勧めしてきた生き方であります。「天地一切のものに和解せよ、感謝せよ」ということですね。それが今多くの方に、これは状況としては諸手を挙げて賛成できるという意味のものではありませんが、一種の〝反面教師〟として伝えられているところは、良い面であると言えば言えるのであります。

## 物を感謝して使う文化

今日は谷口輝子先生の御徳を偲ぶ日でありますが、そういう「物の大切さ」や「当たり前の生活の素晴らしさ」を、輝子先生はいろいろな所で説かれてきたのであります。その先生のご著書の中から『めざめゆく魂』――これは昭和四十四年に出版された本で最近、普及版が出ましたが、その中に針供養についての随筆があるのを紹介します。

皆さん、「針供養」ってご存じですか？　私は、そういう行事を見たことがない（笑い）。だから、私よりも年長の方がよくご存じだろうと思います。この「針」とは「縫い針」のことです。縫い針が古くなって折れたり曲がったりして使えなくなったのを、昔の日本人はポンと捨てなかったのですね。捨てないでどこかにしまっておいて、そういう針を集めて年に一回、二月の八日とか、これは地方によって日付が違うようでありますが、十二月の八日のところもあるようですが、そういう決まった日にお祀りして、供養して、感謝の気持を込めて〝送り出す〟という習慣があった。それについて、輝子先生が『めざめゆく魂』の中に「針供養《はりくよう》」という文章を書かれているのを、今日はぜひ皆さまと一緒に味わいたいのであります。読みます――

二月八日は針供養の日である。全国的にお裁縫をする婦人たちは、この日には平素貯えて置いた折れた針や曲った針を取出して、各地方の風習に従って針を労《いたわ》り感謝して、その地方の社《やしろ》へ納めに行き、その日はお裁縫を休むことにしている。私はあらゆる地方の風習は知らないが、東京ではお豆腐に折れ針を刺すことになっているようである。あちこちの街の仕立屋はもとより、女学校などでもお豆腐に無数の針を刺して、優しい表情をした娘さんたちが、それを囲んで集っている姿を私は新聞で見たことがある。年中行事にもいろいろなものがあろうけれど、私はこの針供養のことを思うと心温まる思いがする。

私の郷里の高岡市では、お豆腐でなく、焼餅に針を刺して供養する風習がある。焼餅というのは、お餅の中に粒餡《つぶあん》を入れて平たくして焼いたものであって、甘くて香ばしくて、幼い頃の私の好物であった。田舎の伝説では、この甘い美味しい焼餅を針に供養すべく、千本の針を刺して海に流したところ、それが針千本という魚になって泳いだということである。そのいわれから、私の故郷の町では針供養のことを針千本と言いならして来た。〝針千本〟という全身刺《とげ》だらけの魚は事実いるということであるが、それが焼餅に刺された千本の針の化身なのかどうか私は知らない。

豆腐に刺すということは、一年中働いて傷ついている針たちを、やわらかい豆腐の中で労って上げるという意味ではなかろうか。

焼餅に刺すということも、よく働いて下さった針たちを甘い愛情で包んで上げるという意味ではなかろうか。豆腐に刺すことも焼餅に刺すことも、いずれも針への愛情と感謝の表現である。

冷たい唯物思想の人たちから見られたら、針のような鉱物には精神がないから、そんなものを労ったり甘やかしたりして見ても、針は何とも感じないから、そんな行為は無駄な暇つぶしだということになるであろう。

しかしそれは決して無駄な行為ではないのである。有機物であろうと、無機物であろうと、天地一切のものは神の愛によって創《つく》られたものであり、人々の愛によって作られたものであって、一切のものには精神がこもっているのである。神は針の原料である鉄を、人々の生活に役立たせようとの愛念で創って下さったのであり、針の形に作った人は、裁縫をする人たちのお役に立てたいとの愛念で作って下さったのであり、針はまたその使命に忠実に生きて来たのであった。神のお蔭、製造者のお蔭、針のお蔭によって、私たちは縫いものが出来て、着物をはじめいろいろな細かいものを縫うことに調法をして来たのであった。それはまことに感謝でしかないのである。

（同書、一一七〜一一八頁）

この後もご文章は続きますが、雨も降ってきたのでこの辺で朗読を終わります。

（笑い）

要するに、日本人はこういうことを——生活の中で物を大切にして、まるで魂が宿るもののように扱って、感謝して使う——そういう文化をずっと維持してきた民族であります。そういう心の動きは、私たちの〝血〟というか〝ＤＮＡ〟の中にちゃんと残っているわけです。ところが、それを最近になってどこかへ置き忘れてしまい、〝使い捨て〟の文化が根付きかけている。何でも古くなればすぐに廃棄し、新しいものに無理して飛びつく。それが経済発展のために良いと考える。そんな我々の過去を忘れた生き方に、今回の震災は「それではいけない！」というメッセージを伝えてはいないでしょうか？

東京都の知事さんは〝天罰〟などという言葉を使って人々の顰蹙《ひんしゅく》を買いましたが、生長の家は決して〝天罰〟を与える神を信仰しません。そうではなくて、一見〝天罰〟のように見えるのは、我々の中にいる神様、仏様がニセモノの自分を叱っているわけです。その声に従った生活が必要です。

ですから、私たちの中にある神の子の自覚、仏の自覚をさらに深めるとともに、自然界のすべてのものに感謝する。これは鉱物でも、自動車でも、電力でも、何でもですね。使い捨てや垂れ流しから、万物と調和し感謝しながら、ムダを出さない生き方を実践する方向へと、私たちの生活を切り換えていかねばならない。そのためには、物質的繁栄――つまり、外から物を付け加えるのではなく、すでに与えられた自然の恵み、人々の愛念に感謝し、物を大切に活かして使う生き方を大いに広めることによって、今後の世界の文明の転換に貢献していく――そういう方向に進んでいかねばならないと考える次第であります。

今日は輝子先生の多くの教えの中から〝一コマ〟を学び、私たちの今後の生活の指針にしたいと思います。皆さま、今日はお参りいただきまして本当にありがとうございました。

＊1　生長の家創始者・谷口雅春師の夫人。一九八八年四月二十四日に満九十二歳にて昇天。

# 2　日時計主義は新文明の基礎

（谷口雅春大聖師二十六年祭／二〇一一年六月十七日／生長の家総本山）

## 「物質はナイ」という意味

皆さん、本日は谷口雅春大聖師*1二十六年祭に大勢お集まりいただきましてありがとうございます。（拍手）

私の記憶によりますと、ちょうど二十六年前の今日も、このように曇りの日でありまして、時々、雨が降ったり上がったり、そういう天候であったと思います。六月十七日というのは時期的には梅雨の真っ直中でありますから、そういう天気であるのは当たり前といえば当たり前であります。

この二十六年祭に先立つ四月には、輝子聖姉の二十三年祭がありました。そこでもお話ししましたが、今年はちょっといつもの年と違う。ご存じの通り、三月十一日にはかつてない史上稀《まれ》なる大震災が起こり、それに伴って福島県の原子力発電所が事故を起こして今、世界中がそのなりゆきを注目していますね。それは、日本のような技術立国、しかも安全面では大変信用があり厳しいとされてきたところで、〝予測できない〟事故が起こった。まあ、事態が明らかになってくると、それは必ずしも〝予測できなかった〟わけではないということが分かってきています。私たちは今、この事故から何を学ぶかということが、とても重要です。四月の輝子聖姉二十三年祭で私が話したことは、六月一日号の『聖使命』新聞に載っていますので、読んでない方はあとでしっかり読んでおいて下さい（本書一五三〜一六四頁に収録）。

輝子先生は「針供養」について随筆を書かれておりまして、そのことを私は話しました。その針供養というものを、私は一度もやったことがないのです。私よりも前の世代の人はやったかもしれない。そういう昔の日本の文化の一つである。縫い物に使う縫い針が古くなって使えなくなると、それをポンと捨てるのではなくて、毎年、一定の日を決めて感謝の気持を込めて供養する行事が日本ではずっと行われてきました。

仏教的な信仰と、すべての物に神が宿るという神道の思想が混ざった日本的な行事でありました。谷口輝子先生は、随筆の中でこういう物の考え方が大切であると説かれた。昭和四十四年の本でありますから、ずいぶん前のことなんです。それを紹介させていただいて、震災や津波で財物がいっぺんに失われるということは、物があふれている現代の日本への一つの〝危険信号〟である――そのように解釈したのですね。

物は物質だから価値はないと思って、それをムダに使う。電気を夜中も煌々《こうこう》とつける。その使い方は、本質的に〝垂れ流し〟である。そういう使い捨ての文化が浸透してしまっている日本で、「物質はナイ」というメッセージが送られた。生長の家では「物質はナイ」と教えます。これにはいくつかの意味がありますが、一つの意味は、物質のように見えているものでも、その背後には神の生命《いのち》、仏の生命、さらにその分身である我々人間の愛念や創造心……そういう目に見えない価値が宿っているのである。だから、物質をもらうのではなくて、その背後にある心や愛念、それを私たちは「拝受する」という心構えを忘れてはいけない。そういう精神が忘れ去られていました。

そんな時にこういう地震が起こったり、原発の事故が起こると、我々はハッと気がつきます。それは、物はあっという間になくなるんだということです。仕事もなくなるし、自分の土地もなくなるし、家もなくなる。何もなくなってしまって、一体何が残るのか。何が大切であるか？　それが今、私たちに突きつけられた問いかけであります。

今この時は、日本を初め世界の各地で、人類が今後どういう方向に進むべきかを深く考える時期である。先進諸国の生き方を拡大すれば、温暖化問題だけでなく、食糧や資源、エネルギーの不足は目に見えている。そういう意味で、私たち日本の国で、〝物不足〟〝エネルギー不足〟のような状態が一時的にでも起こることには意味がある。それによって私たちはこれまでの生活を見直し、ムダ遣いが多く、物質主義的だった生き方を反省し、我々の良き伝統を振り返る。すると我々の先祖は、物質を崇拝する生き方ではなく、物質と見えるものの背後にある神の御心《みこころ》、仏の御心、人々の愛念を認め、できるだけ活かすという物の使い方をずっと長い間やってきた。そういう省資源・省エネ、自然との共存ができる生き方に転換しなければならない。ちょうど私たちの運動も大切な変わり目に来ていますが、この混乱の中から、正しい方向性を見出《みいだ》してしっかりと歩み出さなければいけない――そんな内容の話をしました。

## 生長の家の〝聖地〟は実相世界

今日もそれと似た話をするのですが、日時計主義に関することです。日時計主義については、皆さんも団体参拝練成会[2]などでここ数年研鑽されてきていると思います。私も何冊か本[3]を書いて詳しく説明しているし、皆さんも絵手紙を描いたりして、いろいろ実践もされている。この日時計主義こそ「物質はナイ」という教えを生活に生かす実践法でもあります。

谷口雅春先生はその日時計主義の話を、いの一番に昭和五年の『生長の家』誌創刊号にはっきりと書かれて、「これが生長の家の精神である」と前面に掲げて、この運動を始められました。皆さんもこのことは十分ご存じだろうと思います。それで生長の家信徒は、各地で今も日時計主義を実践しているところでありますね。私は先ほど、針供養は日本文化の一つと言いましたが、この習慣は「針を単なる物質と見ない」という点で日時計主義とも共通している。そして、日時計主義は、もともと英語の標語を雅春先生が日本語化したものですから、日本文化の枠に留《とど》まらないユニバーサルな、世界的な基準になるにふさわしい内容をもっているのであります。

昨年のこの年祭で、私は『信仰の科學』[*4]という珍しい雅春先生の本のことを解説しました。それを覚えておられる方は思い出してください。雅春先生は実にたくさんの本を書かれましたが、その中で「外国人との共著」というのは恐らくこれ一冊なんですね。アメリカには「ニュー・ソート」(New Thought)と呼ばれるキリスト教系の思想がありますが、その流れを生んだ最初のころの人にフェンウィック・ホルムス(Fenwiche L. Holmes)という人がいます。この本は、その人との共著なのです。

この本が共著となった複雑ないきさつについては、去年話しましたので[*5]、今日はそれを繰り返しません。ここで強調したいのは、「共著」ということの意味です。それは日本文化だけではなくて、文化の枠を超えた考え方がそこに出ているということです。特にその本の第二章は、「日時計主義」という言葉は使っていませんが、内容的にはまさにそのことが見事に説かれている。それを、今日は皆さんに具体的に紹介したいと思うのであります。

しかしその前に、「聖地」という言葉の意味を確認したい。皆さんの中には、この総本山が好きで、何回も来られている方がいらっしゃると思います。今日は空が曇っていますけれども、ここへ来ると良い天気の日も多くて、四季の花は咲き誇っているし、鳥の声、虫の声は聞こえるし、食事は新鮮で美味しい。秋も素晴らしい紅葉が見られますね。そんなわけで、時々ここを「聖地」と呼ぶ方がいらっしゃる。「聖なる土地」という意味でしょう。この言葉は本来、宗教的な用語であります。だから、注意して使っていただきたいのであります。生長の家では「聖地」という言葉はあまり使わず、「実相」とか「実相世界」という言葉を多用します。他の宗教では「浄土」とか、「神の国」であるとか「御国《みくに》」と呼ばれるものが、これに当たります。生長の家では、そういう完全性を備えたものは、この地上の地理的な一地方にあるという考え方は採りません。現象世界の一地点を「聖なるもの」として崇める考え方を採用すると、危ない問題も出てくるのであります。

中東地域ではパレスチナ問題がずっと難航しています。その原因の一つは、ユダヤ教やキリスト教、そしてイスラームの三つの信仰であそこが「聖地」とされているからです。地理上の一点をひとつの宗教の「聖地」とすると、それ以外の宗教を排除することになりやすい。それは、特定の時期に〝聖地巡礼〟などが行われて、他の宗教の信者がそこへ行けなくなり、「聖地を奪われた」と感じるからです。人間は物理的なものを〝聖なるもの〟と考えると、それを物理的に守ろうとする。すると、他の信仰者は逆に「奪われた」と感じる。こういうことが歴史的に繰り返されているので、沢山の犠牲者が出ています。〝聖なるもの〟が逆に悲惨な問題を引き起こす原因になっているのです。

ですから、皆さまも総本山に来て「ここは聖地だ」と言わないでください。正しくは「聖地のようだ」と言ってください（笑い）。これならより正しい表現ですね。「聖地みたいである」でもいいです。こういう表現ならどんどん使ってください。まるで冗談のように聞こえるかもしれませんが、実はこの問題は宗教的には大変重要である。「聖地」というのは実相世界であるということを、谷口雅春先生は先ほど紹介した『信仰の科學』の中でしっかり説かれています。それを、今日はご紹介します。

先ほど私たちは聖経『甘露の法雨』を一緒に読誦《とくじゅ》しましたが、そこのおしまいの方に「神の国は汝《なんじ》らの内にあり」という言葉が出てきましたね。これは有名なイエスの言葉として聖書に記録されていることは、私たちもよく知っている。「神の国は汝らの内にあり」――つまり「聖地」は私たちの心の中にあるということです。それを解説している文章を拝読いたします。

キリストの言葉の真義は、全世界が、否、全宇宙が、天地万物一切のものに生命《いのち》を賦与《ふよ》する力を持つところの神の愛によって溢《あふ》れるばかりに満されているということなのである。

（同書、五四頁。原文は旧漢字）

「神の国は汝らの内にあり」という意味は、そういう意味だというわけです。

心の眼が開いていない者にとっては、天国とは何か日常とかけ離れた異常のものであり、朝顔の花の開花とか日の出などというような日常茶飯事《さはんじ》とは、何の関係もないと考えるかも知れぬのである。彼等は「朝顔が三輪咲いている」というただその事実そのものの中にすら、見出すことのできる神の国を理解することが出来ぬのである。もしあなたの友人が、「いいね、太陽が美しく輝《て》っている」とあなたに話しかけた場合に、あなたは「そうかね、太陽が照っていたって、われわれと何の関係もないことだ。彼はただ自分の役目を果しているだけだ。太陽が輝っているそのことが、なぜそんなに愉《たの》しいんだ」と答えるだろうか。天国はこれに心の眼を閉じている者の前には姿をあらわさぬのである。それ故に天国を見出すためには、あなたの心の眼は開かれねばならぬのである。心の眼が開かれている者にとっては、神の愛は至るところに遍在《へんざい》し給うのである。

この総本山だけでなくて、皆さんのお家も天国であるというわけです。

彼等は親の愛を感じ、子の愛を感ずることが出来るのであり、こうして彼等は天国を至るところに見出すことが出来るのである。

（同書、五四頁）

これが生長の家の解釈です。それからまた先ほど紹介したフェンウィック・ホルムスさんも、これと同じことを英文で書いている。『*The Science of Faith*』[*6]（信仰の科学）という英語の本です。基本的に同じ内容です。ですから、この考え方はユニバーサルに理解されるメッセージでもある。こういう考え方がもっと世界に浸透していけば、「聖地」をめぐる血生臭い闘争はなくなるはずだけれど、残念ながらまだその段階には至っていないということですね。

## 日時計主義で未来を開こう

こういう話を知ってみますと、私たちが今、全国で進めている「技能や芸術的感覚を生かした誌友会」[*7]などで行っている日時計主義の実践が、どんなに重要な意味をもっているかが分かると思います。これは、日常の中に聖地を見出す活動です。その一つの手段として、私たちはいわゆる〝Bタイプ〟と言われている誌友会を盛り上げていく活動をしているのであります。

ただ、皆さんの中にはもしかしたら違う意見の人がいるかもしれない。その人は、「生長の家でそんな芸術や技能のようなことをやっても、病気で苦しんでいる人や家庭不和で悩んでいる人の役に立たない」と言うかもしれません。実は日時計主義の考え方は、そういう意見をお持ちの人にも、しっかりと対応できる内容をもっています。先ほど紹介した『信仰の科學』の中にも、それが書いてあります。五九頁のところを読みます。

もしあなたが、一輪の名もない野の花の中にすら、天国を見出すことが出来るならば、あなたの夫や妻の中に、そして息子や娘の中に、天国を見出すことは、いかにいっそう自然であることであろう。　(同書、五九頁)

ここには、たとえ金婚式を過ぎている夫婦であっても、「その中には野の花よりもさらに美しく、素晴らしいものがある」。そういう人間関係、夫婦関係、親子関係の中にある天国を、日時計主義の実践によって見ることができるという教えが書いてある。

もしあなたが一茎《ひとくき》のわらびの中にすら、「あっ、ここにわらびが一本新しく生まれている」と叫んで、新たなる悦びを見出し、このようにして、それがもつ神秘的な美しさに目覚めるならば、自分の妻や子供に大きな悦びを見出さぬということは決してあり得ないのである。もしそうであるならば、あなたの家庭は何と仕合せなことだと思う。このような家庭に住む人たちは決して互いに倦《あ》きることはないのである。もしあなたが夫や妻や子供に対して、倦怠《けんたい》を感じるならば、それはあなた自身が生まれ変っていないことを示すのであり、それで、あなたは全てのことを新鮮味がなく陳腐《ちんぷ》に感じざるを得なくなっているのである。

（同書、五九〜六〇頁）

こういう視点が日時計主義の中にはある。このような〝心の中にある天国〟を観ずるためのトレーニングを、皆さんは絵手紙を一枚描くときに実践しているのです。だから私たちは、必ずしも絵手紙を描くときだけでなくて、朝起きて夫の顔を見るとき、妻の顔を見るとき、子供に声をかけるとき、職場であいさつするときにも、同じような気持になれれば、家族は幸せで幸福な家庭が実現するし、職場も円満になる。そういう雰囲気の中では病気になる人も少なくなってくる。明るい感謝の気持は、免疫系を活性化するからです。そういう大きな広がりと応用力をつけるために、その基本を私たちは日常の誌友会の中でやっていこうとしているのです。この生き方を広く社会に及ぼしていけば、国と国の間の対立の問題もしだいに解けてくるに違いありません。

そういうわけで、この日時計主義の生き方を私たちはさらに進めていくとともに、その背後にある「人間・神の子」の考え方をしっかりと人々に伝えてください。この日時計主義の生き方をしていれば、「物がほしい」とか「遠くへ行きたい」とか「まだ足りない」とか「不安である」などという一種の精神的飢餓感から解放されます。今の日本には物があふれているのに、そういう〝心の貧困〟があります。物が多いことで、かえって精神が飢えている――そういう物質主義的な生き方から抜け出す道が生まれてくるのです。価値観の転換が行われて、外から何かを付け加えることで幸福を感じるのではなく、内部の神性を開発することに喜びを見出す。他から奪うことではなく、他に与えることで充足する――そういう新しい人間の生き方が広がっていく。また、そうでなければ人類が〝自然と共に伸びる〟ことは不可能であり、人類の未来はないと思うのですね。

人間が自然を破壊して富むという時代は過ぎ去ったのです。私たちは自然と共にあり、そこは神の恵みに満たされている――そういう自覚を広める運動を、皆さんと一緒にさらに広げていきたいと思います。

谷口雅春大聖師が主唱された日時計主義を、今後も大いに展開していきましょう。大聖師の二十六年祭に当たり、所感を申し上げました。ご清聴ありがとうございました。（拍手）

＊1　生長の家創始者。一九八五年六月十七日に満九十一歳にて昇天。
＊2　生長の家の教区ごとに長崎県西海市にある生長の家総本山に団体で参拝し受ける練成会。練成会とは合宿して生長の家の教えを学び、実践する行事。
＊3　『日時計主義とは何か？』（二〇〇七年）、『太陽はいつも輝いている――私の日時計主義

実験録』（二〇〇八年）、『自然と芸術について』（二〇〇九年）参照。いずれも生長の家刊。
＊4　一九七二年、日本教文社刊。現在品切れ。
＊5　『生長の家』誌、二〇一〇年九月号に「転換期の今こそ日時計主義を」として収録。
＊6　Fenwicke L. Holmes and Masaharu Taniguchi, *The Science of Faith: How to Make Yourself Believe* (Tokyo: Nippon Kyobun-sha, 1962).
＊7　絵手紙・絵封筒やノーミート料理などをテーマとし、技能や芸術的感覚を通して真理を学ぶための集い。誌友会とは、生長の家の教えを学ぶための少人数の会合。主に居住地域単位で行われる。

# 3　大震災のメッセージを聴く

（東日本大震災物故者追悼慰霊祭／二〇一一年八月十八日／生長の家宇治別格本山）

本日は、東日本大震災物故者追悼慰霊祭に大勢お集まりいただきまして、誠にありがとうございます。

今からおよそ五カ月くらい前でしたね、三月十一日――この大震災の日を、皆さま方はそれぞれの場所で迎えられたと思います。揺れを感じられた方もいれば、少しも感じなかった方もいたでしょう。しかし、この日は、物理的な揺れもありましたが、それよりも、我々の心が精神的に大きく揺れた日でありました。

## 経済発展の下で失われたもの

大勢の方が亡くなりました。その数はまだはっきり分かっていません。今日は、その亡くなられた被災者の御霊《みたま》をお呼びいたしましたが、その数もまだ分からない。ただ、一万人から二万人の間か、もっと多いかもしれない。そういう大勢の方が、自らの過失や失敗が原因によって命を失うのではなくて、大地震とその後の津波によって、本来ならまだ何十年もこの世で生きて、我々と共にいろいろな楽しみや悲しみを共有できた方々です。それが、何か強大な力によって霊界に旅立っていかなければならないということは、大変な衝撃でありますね。それは、私たちの一生のうちに一回あるかないかというほどの大きな出来事と言わねばなりません。ですから、私たちはその意味をしっかりと深く考え、正しく理解しなければいけないと思うのであります。例えば、約七十年前に「大東亜戦争」というのがありました。あれも大変な事件であって、それによって世界が大きく変わりました。今回の事件も、それだけのインパクトがあるものだと私は思います。

ご存じの方も多いと思いますが、私は自分のブログに「大震災の意味を問う」という文章を書きました。四月十七日から十九日まで三回に分けて書いたものが、機関誌『生長の家』に転載されております（本書六四～七八頁に収録）が、そこに私の理解の一端を書き記しました。

また、震災があって間もなく、祈りの言葉を二つ発表いたしました。「自然と人間の大調和を観ずる祈り」と「新生日本の実現に邁進する祈り」という二つです（本書第五章に収録）。そこに私の考え方が表れていますから、まだご存じない方は、ぜひそれを読んで理解していただきたいのであります。

今日も、そこに書いたことを確認する内容を話すことになると思います。やはりここには、人類にとっての一つの大きなメッセージがあると思います。それは近年、「人間と自然がぶつかり合う」という現象がだんだん激しく、また顕著になってきている。これは皆さんも肌身で感じていらっしゃることだろうと思います。いわゆる「地球温暖化」が言われて久しいのでありますが、我々人類の生き方は一向に変わっているように思えない。従って、気候が激しい変化を起こしています。

今日もずいぶん暑い日でした。昨日は、確か日本の各地で高温の記録を更新するほどの暑さになりました。これは日本だけではなくて、世界各地で大きな激しい気候の変化が起こっていて、その結果、作物ができない、豪雨が続く、人間が洪水によって流される——そういう自然と人間とがぶつかり合う現象が、近年とみに頻繁に現れてきている。その中でこの大震災がありました。

そういう文脈で考えてみると、自然と人間との反目の流れが一つの〝頂点〟に達したと見ることができる。しかし、自然と人間とは、本来はそういう関係にないはずなのです。少なくとも、人類のこれまでの生き方の中では、そうでなかった。しかし、人間が科学技術を発達させてきて、それをほどほどに使えばよかったけれども、自らの尽きぬ欲望実現のために、近年は異常で過剰な使い方をしている。その一つが二酸化炭素の大量排出となって表れている。それが、地球温暖化の一つの大きな原因である。

また、今回の震災はいわゆる〝自然災害〟だから「被害は仕方がない」という考え方がありますが、自然災害は過去にもたくさん日本列島を襲っている。それを先人は

「仕方がない」といって諦めないで、後世の人々への教訓として、いろいろな文書に残している。文書以外でも、東北地方の太平洋岸の高台に残している――これも、私は今回の震災後の報道から学んだことの一つです。東北地方は昔から津波が数多く襲ってきたけれども、それらの津波が陸上どこまできたかということが、いろいろな方法で記録されているそうです。例えば、「津波石《つなみいし》」というのが各地に立っているそうです。また、書物の中だけでなく、町や場所の名前として残っていたりするのでありまます。

そういう先人の遺志を我々がもっと尊重して開発を考えていれば、被害はもっと少なかったかもしれない。しかし近代以後、特に戦後になって「経済発展」が至上の価値、最高の価値になった。そして、「とにかく経済を発展させれば人間は幸せになるんだ」という考えのもとに日本全体が猛烈に物質主義を進めてきて、そして望んだ通り〝経済大国〟になりました。しかし、その代わりに失ったものも多かった。その一つは、「自然を敬い、大切にする」という考え方であり、生き方です。

## 原子力発電所が示す問題

今回は地震だけではなくて、原子力発電所の事故が大きな衝撃でありましたね。だから、今回の事故をきっかけに、私たちは「原子力」というものへの考え方をはっきり定めなければならない。原子力がもともとどういう経緯で人類が利用するようになったかを思い出してください。これは、六十年……もう七十年くらい前でしょうか、そもそも原子力の利用の最初は、戦争に使うためでした。人間と文明をできるだけ多く破壊するという目的で使われたのです。大東亜戦争の末期に「マンハッタン計画」というのがあって、それはアメリカが世界に先んじて原子爆弾を開発したんですが、しかし、アメリカの敵国だったドイツも同時に開発していたし、日本でも研究が進んでいた。つまり、人類の迷妄の産物です。それを広島と長崎に落として戦争は終わりました。そこでは、何も知らない何十万人という市民が虐殺されたのです。

そういう悲惨な体験から、いったい私たちは何を学んだのでしょうか？　学んだというよりも、むしろそれを利用しようと思ったのですね。「原子力はスゴイ力だから、それを我々の物質的発展に利用したらこんないいことはない。人間はみんな幸福になる」――どうもこんな風に考えたフシがある。「恐ろしいものでも、味方につければ恐ろしくなくなる」という心境でしょうか。「敵から銃を奪えば自分の勝ち」という単純な発想ではなかったでしょうか。しかし、原子力は「銃」や「刀」とは根本的に性質が違うことをしっかりと認識せずに、日本の各地に五十四もの原子力発電所を次々に建設してしまった。地震国であり、漁業国である日本の海岸にです。

そういう生き方を、今後どうすべきかが問題になっているのです。放射性物質というのは、そもそも自然界にはたくさんあるものとも言える。これは、地球の表面にはほとんど影響がないようにできています。なぜなら、地球の周りは一種の〝放射線防護服〟ですっぽり包まれているからです。この〝防護服〟は、普通は「大気圏」と呼びます。地球の大気がどのようにして生まれたかを考えると、とても不思議です。それは人類が出現するずっと前に、植物が地球上を覆っていた時代に、光合成によって酸素をたくさん排出した。それによって大気圏の外側にオゾン層ができて、宇宙からたくさん降り注ぐ紫外線をカットし、放射線も無害化されるようになった。植物がつくる酸素は、もちろん動物が吸うことで地上で繁栄することができるわけです。このようにして大気圏が形成されたので、私たちは今、真夏の海岸で甲羅《こうら》を干していても大丈夫である。

しかし、宇宙空間では今でも人体に有害な放射線が飛び交っていて、国際宇宙ステーションが飛ぶ高度約三五〇キロでは、宇宙飛行士の被爆線量は一日で〇・五～一ミリシーベルト――地上の一五〇倍にもなるそうです。つまり、生物たちが一致協力してつくり上げた〝防護服〟が地球をすっぽりと覆っているので、人類はこれまで繁栄することができたのです。それなのに、私たちは何を勘違いしたのか、「放射性物質は人類のためになる」と考えてエネルギー源に使う道を選んだのです。つまり、生物全体にとって有害な物質を人類だけの繁栄目的に使っても構わないと考えて、原子力利用の技術が生まれた。人間中心主義の愚かな選択でした。

ですから、「自然と人間との対立」を仕掛けたのは、私たち人間の側なのです。私たちが、自然を〝敵〟だと考え、あるいは〝邪魔者〟だと考えて、それを克服する手段として原子力の利用を始めた。最初は「兵器」として開発したのです。大量破壊兵器だったのを、私たちは平気で（笑い）動力源にしようとした。この生き方は、地中深く眠っていた化石燃料を掘り出し、それを燃やして人類は幸せになるという考え方や生き方と、同一線上にあるものです。人間の都合だけしか考えず、人間の力を過信している。そういう生き方を変えなければいけない。もっと自然と共存共栄する生き方に転換しなければならない。それが今、人類全体の大きなテーマとして浮かび上がっている。そういう意味で、今回の大地震は規模も普通でないが、もたらした影響も通常の地震とはちょっと性質が違うと思います。

そういうことが、なぜ東北地方で起こったか。これは、東北地方の人が悪いからとか、特に罪が深いから、それを償うために犠牲になった——そう考えてはいけないのであります。そうではなくて、東北地方には戦後の日本の経済発展の最も弊害的な……何と言いますか、マイナス面の〝しわ寄せ〟が鮮明に出てきているからです。それが、今回はっきりしてきました。

自然の少ない都会を発展させるために、自然が豊かな地方が犠牲になってきたというのが、戦後の日本の経済発展の弊害でした。特に東北地方はそれが顕著で、東北だけでは収入が少なく生活がやっていけないというので、人々は冬季に首都圏に出稼ぎに来るという経済の仕組みができていた。従って、この偏った経済に対応するために、首都圏の膨大な電力需要を満たそうとして、東北地方に原子力発電所を造らなければならない——そういう矛盾が生じていたことが、今回指摘されている。

これは、東北の人々に責任があるのではありません。そうではなくて、日本全体の生き方に大いなる経済偏重の価値観があったということです。『日本列島改造論』の田中角栄氏は、首相時代に自分の地盤である新潟県の人に「こっちから金をどんどん送るから、東京に電気をどんどん送れ」と言ったと伝えられています。経済優先で自然を破壊する——そういう自然と対立する生き方を我々は改めて、もっと自然と調和した新しい生き方をこれから開発していく責任がある。そのように私は感じるのであります。

## 自然と共に伸びる生き方を進めよう

　しかし、このことと、今回の震災で犠牲になった個々の大勢の人々の問題とは、分けて考えるべきです。その人たちがどういう人生を送ったかということと、国家や社会、人類の生き方の問題とは、やはり分けて考えなければいけないと思うのです。それは、かつての大東亜戦争の例でも言えることである。

　明日は、精霊招魂《せいれいしようこん》神社大祭があります。そこで読む祝詞《のりと》の中に出てきますが、日本軍に参加した個々の国民は、「他国を支配しよう」とか「隣国を植民地にしよう」と思ったり、「日本が世界を征服するんだ」と考えた人はほとんどいないと思います。国家の命令によって戦地へ行ったのです。その際の想いは、まず家族を守り、次に故郷を守るんだということで、自己を全体に捧げる無私の精神で戦った人がほとんどである。だから、そういう人たちはその自己犠牲によって高級な霊界に移行することができたと思います。しかし、そのことと日本が戦争を起こしたその責任をどう考えるかということとは、別次元の話である。国民の心情と、国家の意思決定の問題は別なのです。

　だから、日本は戦後、それまでの社会や制度にどんな欠陥があったかを反省して、国の制度を変えて努力した結果、今は世界からもきちんと認められる一流の民主主義国となって、国際社会で活躍しているのであります。これと同じように、今回の災害、災難、不幸も、それを個人の問題として考えることと、国家の次元で考える、あるいは人類全体の生き方の問題として考えることは、別にしなければいけないと思うのであります。

この個人レベルの話になりますが、ある人が、自らの意思でなく急速に霊界に移行しなければならない場合、それは高度な魂の成長に資するということを、谷口清超先生はご著書の中で書いていらっしゃる。それをここで紹介したいと思います。

それは、『新しいチャンスのとき』という本の中です。これは、交通事故で突然亡くなる人の魂の問題を書いていらっしゃるのですが、津波とか震災というのも交通事故と似たところがありますので、ある程度同じことが言えるのです。先生の文章は短いですが、引用します。

このような即死は、高級霊にもありうることだ。それは急速な肉体からの離脱は、多くの業因を脱落するから、ちょうど大急ぎで家を出る時には、ほとんど何ものも持たず（執着を放して）去るのと似ている。だから魂の進化には役立つのである。

（同書、二一頁）

今回の震災でも、もうそのまま現場を抜け出して、何も持たずにすぐに高台に駆け上がっていった人は、「執着を放した」と言える。しかし、そうでない場合でも「執着を放した」と言える。例えば、家族や他の人々を救おうと思ったり、自治体や団体の任務を優先したために津波で命を落としたケースがある。こういう場合も、自らの生命への執着を放つことによって高級な霊界に生まれ変わる大きな要因になるのです。きっと大勢の被災者の方々がそのようにして、今回の震災を契機に一段と高い魂の段階に到達されていると私は思うのであります。

しかし、繰り返しになりますが、そのことと我々がこれから日本をどのように新しく立て直していくのか、世界の人類がどのような生活へ転換すべきかということは別である。別であるというか、それが私たち──残された人間の仕事になるのですね。

ですから、皆さま方もこういう〝二つの観点〟をぜひ理解されて、これから大いに〝自然と共に伸びる〟生き方を進めてください。

それが今、人類に与えられている最大課題であります。多くの人々が、世界中で経済問題を抱えています。日本も例外ではありませんが、その経済問題を考えるときに、「物質的に物をたくさん生産して、それを自分たちの周りに集めることが人間の幸福である」という考え方ではもうやっていけない。我々は自然の一部ですから、自然から搾取《さくしゅ》し、自然を酷使して破壊しておきながら、人間が幸福になるということはあり得ない。初めから矛盾している。ですから、私たちの運動が今向かっているように、自然と共に人類が幸福になれる社会を、まず日本から実現していくのです。

幸い、日本という国は森林がまだ豊かなのであります。国土の七割近くが森林であるという国は、世界では例外的である。珍しいのです。ですから、日本において自然と共に伸びる社会を実現しようと思ったら、まだいろいろな方面から実現可能な状況である。東北地方も今、政府の新しい方針で森を豊かに育て、自然エネルギーを多く利用する地域に転換することを研究しているそうです。そういう自然と共に伸びる方向に人類が向かうための、一つの大いなる努力を、私は皆さんと一緒に運動を通してやっていきたいと心から念願するのであります。

それでは、これをもちまして私の挨拶といたします。今日はお集まりいただきまして、本当にありがとうございました。

## 4 死もまた教化《きょうげ》する

（布教功労物故者追悼秋季慰霊祭／二〇一一年九月二十三日／生長の家本部会館）

皆さん、本日は慰霊祭に大勢お集まりくださいましてありがとうございます。

この布教功労物故者追悼慰霊祭というのは、春と秋の二回ございます。先ほど遺族代表の方が挨拶してくださいましたが、そのお話の中にもあったように、生長の家の運動を長く続けてくださった方々が全国に大勢います。日本だけでなくて、今日はブラジル、中華民国の方のお名前も呼ばれました。そういう方々——特に幹部活動をされてきた方のうち、ここ半年ほどの間に亡くなられた方を、御霊《みたま》としてここにお招きいたしまして感謝の誠を捧げるという、非常に意義のある行事であります。

## 死は必ずしも不幸ではない

この間は台風が来ていましたので、今日の天候は大丈夫かと心配していましたが、幸いなことに暑すぎもせず寒くもない、適当な良い気候になりました。「暑さ寒さも彼岸まで」という言葉どおりの日になりましたですね。

私の家の庭には毎年、ヒガンバナの赤い花と白い花が咲きます。今年は九月の初旬に赤い花が出てきたので、「少し早いんじゃないのか」と思っていましたら、案の定、そのあと台風が来てまた暑くなったので、赤い花は全部なくなりました。ところがその後、白い花が出てきまして、今満開の状態であるというわけです。私の記憶はあまり確かではありませんが（笑い）、その記憶にある限り、毎年、赤と白は彼岸の中日ごろには一緒に咲いていました。しかし、今年は白しか咲かなかった。ですから、ちょっと気候が変わりつつある。これは、皆さんも肌身で感じていらっしゃることだろうと思います。

先日、大きな台風が来て首都圏は大混乱いたしましたが、その前の九月上旬にもやはり大きな台風12号が日本に上陸して、紀伊半島を中心に大変大勢の犠牲者が出ました。そしてその前には、ご存じの通り東日本大震災がありました。地震はともかく、台風の襲来については、地球温暖化が進行していくと、発生する台風の数は減るかわりに、一つずつがだんだん凶暴になるということを、何年も前から科学者が予測していました。その通りになりつつあるようです。

このように、今年は東日本大震災その他の自然災害で、大勢の犠牲者が出たということで、八月の宇治の盂蘭盆供養大祭のときにも慰霊祭を行いました。今日、お名前をお呼びした御霊さまの中にも、東日本大震災で亡くなられた方がいます。それは、岩手教区で東日本光輪賞を受賞された佐々木静子さんという方、それから宮城教区の地方講師で昆野《こんの》なほさんという方です。このお二人の方が大震災とその後の混乱の中で亡くなられたと聞いています。

また、今日お招きした御霊は生前に幹部活動をされた方ですが、教化・講師部の報告によりますと、一般信徒の中で震災に関連して昇天もしくは行方不明のままの方は岩手教区で五人、宮城教区で十八人、福島教区で二人おられるということですね。ですから、今日も各故人のお名前を呼んだあとで、総合して「その他の関係者」の御霊を呼んでいますので、そういう方がこの場に来られている可能性は大いにあります。

こうして震災に遭《あ》ったり不幸に遭ったりする人の中に生長の家の活動をされている方がいると、疑問を持つ人が時々いらっしゃいます。そして、「どうしてあの人は信仰をもっていたのに不幸になったのか？」などと、私は講習会やブログのコメントで訊《き》かれることがあります。

この話は以前にもしていますが、死というのは必ずしも不幸ではないのです。残された人間にとっては不幸のように見えることが多い。しかし、死んでいく本人の気持というのはその人しか分からない。死は霊界へ移行することですから、それ自体は不幸ではない。魂の成長のためには、むしろこの肉体の中に留《とど》まったままでいることは不幸なのです。また、この肉体による現象界にあっても、死がなくなったら〝高齢化社会〟どころの話ではない。医療費が無限大にふくれて年金制度は崩壊するし、社会的にも人類は大混乱を経験するでしょう。

さらに宗教の世界では、「死もまた教化《きょうげ》する」とよく言われます。私も以前、今回の大震災のように何万人もの人がいっぺんに亡くなる大事件では、死による教化は個人に止まらず、社会を教化する意味があるということを申しました。今回のような場合には、〝個人のレベル〟と〝社会のレベル〟の教化を考える必要があります。

## 岐路に立たされた原子力利用

社会に対するメッセージについては、やはり私たちのこれまでの日本の経済成長、あるいは人類全体が進んできたいわゆる戦後の〝経済発展〟というものが、いろいろな意味で限界に来ていることを示していると思います。それが、今回の東日本大震災で顕著に表れてきた。

私が申し上げているのは、具体的には資源やエネルギーの使い方であり、原発の問題です。原子力発電所というのは、なぜ首都圏に存在しないのでしょうか？　エネルギー源は利用地の近くにある方が、ムダがなく、効率的であるはずです。だから、原子力発電所が東京湾にあってもいいはずです。見学にも行けるし、現代科学の最先端を行く立派な施設ですから、観光地になるかもしれない。しかし、現実は決してそうならない。その理由は簡単ですね。原発を人口の密集地に造るのは危険すぎるからです。その危険度については今回、皆さんもじかに体験されたと思います。

そういう危険性をもつものを、日本の田舎の自然の美しいところばかりに、我々は五十四基も造ってきました。その中の一つが福島第一原子力発電所です。そこでつくられる電気は、すべて東京、神奈川、千葉といった首都圏の大都市で消費される。なぜそうなるのですか？　今の私たちの便利な都会生活では、普通の方法では電力が足りなくなるのです。だから、原子力発電所のように大規模で、二十四時間運転しているのが当たり前の発電所を、人口があまり多くない郊外というか、もっと辺鄙《へんぴ》なところへ持っていって、地元の反対を押し切って、「まぁ、お金と仕事をあげるから、これで我慢してくれよ」ということで建設してきた。

これによって、真夜中でも電力を使って煌々《こうこう》と照明をつけ、工場を動かし、コンビニ網を機能させ、夜間営業を行い、大量の自動販売機を動かすことができたのです。

こういう我々の文明が今、岐路に立っているわけです。フランスのように、使用エネルギーの八割を原子力に頼るような国も出てきていて、中国やインドのような経済発展を続ける国では、エネルギー需要が拡大している。それを今後どうするかということです。昨日のニュースにありましたが今、ワシントンで原子力の安全に関する重要な国際会議が行われています。そういう動きの契機になったのが今回の大震災である。

だから、原発事故が出すメッセージは非常にクリアでありますね。私たちは今後も現在の生活スタイルと生活レベルを維持していくために、さらにはもっと発展させたり、より多くのエネルギーを得るために、原子力発電所をこれからも造り続けるべきなのか。それとも、今回を契機にして、人類はエネルギー源においても、生活スタイルにおいても、もっと違う方向に歩むべきであるか——そういう決断を迫られている。これは、「子や孫の世代のことも考えて、きちんと答えを出しなさい」ということです。「死もまた教化する」と言うのですが、これまでの曖昧《あいまい》な態度を改めて、どちらかの道を選べというメッセージが投げかけられている。

この教化は、まだ続いているのですね。今後も続きます。一年とか一回きりでなく、原発事故が終息するまで何年にもわたって、この問いは発せられ続けるでしょう。ですから、私たちは今回の震災における〝社会のレベル〟の問いかけを正しく受け取り、それに対して正しく行動することが大変重要です。何万人もの人の命が犠牲になったのです。それを「一年過ぎたからもう忘れた」とか「また起こったら、その時考えよう」では、決して許されない。

私は原発反対なんです。大震災以後のブログで、そのことを表明しました。また、ロンドンでの講演会[*1]でも、それをハッキリ言いました。つい数日前、東京で原発反対のデモがありました。あまり新聞で取り上げていませんでしたが、私の家のすぐ前の明治通りをデモがとおって、私はその時の交通渋滞に巻き込まれました。ちょうど車に乗っていて、渋谷から自宅に帰るところでした。これまでのデモとは様子が違っていました。過去よくあった反原発デモは、いわゆる労働組合とか、それを背景とした政党が組織したものですが、今回のはそうではなく、「原発はおかしい」と考える人たちが三々五々集まってきたもののようです。デモの参加者が非常に多様でした。それこそ老若男女がいるだけでなく、外国人の姿が目立ちました。プラカードの言葉も多様でした。そういう人たちが、主催者側の発表によると六万人、警察の数字で三万人も集まったというんですね。これは今の政党の力だけでなかなかできることではない。それが自然現象のごとく現れたということは、私は良い兆しだと感じました。多くの人々の死がムダになっていない。あるいはムダにしてはいけない、そういうメッセージが読み取れたのであります。

ところで、この間、ＮＨＫのテレビで画質のいいハイビジョン放送というのを見ました。そうしたら今、宇宙を飛んでいる——といっても地上から約四〇〇キロですから、宇宙のごくごく近いところでありますが、国際宇宙ステーションから撮った地上の映像を放映していました。それを見て、私は驚いたのであります。ちょうど日本の夜の映像だったのですが、ご覧になった方もいらっしゃるでしょう。

皆さん、「夜」とはどんな状態の時をいうのでしょうか？　太陽が地球の表面を直接照らさなくなった時間帯を夜と呼んでいる。だから、夜は普通は暗いですね。ところが日本の上空約四〇〇キロから映したハイビジョンの映像では、日本列島の形がくっきりと見えるのです。大都会の周囲だけではなく、宗谷岬のような、地方の細かいところまで光の線で輪郭が描かれているのです。特に大都市圏である東京や大阪や名古屋あたりは、まばゆいばかりの光の固まりができている。それが、今の人類の文明なんですね。自然な状態の地球とは、いかに隔《へだ》たっていることかと感じ、私は衝撃を受けました。

夜間の電力の大部分は、原則的に二十四時間稼働する原発によってつくられます。だから私はこの時、原発の利用状況を視覚的に確認したと言っていいでしょう。それは大変〝不自然〟な光景でした。こういう生活に向かって、人類は驀進《ばくしん》しているのです。今の日本のような状態に、これから中国やインドやロシア、ブラジルなどが突き進んでいけば、世界中に今の何倍もの数の原発を建設せざるをえないのです。そうすると、どんなに日本が安全な原発を実現したとしても、隣の韓国や中国で事故が起こったら、実質的には日本で起こったのと何も変わらない結果になる。そういう選択を、これから人類はすべきであるかということです。

## 「死」はその人固有の〝真理の説法〟

ここまで申し上げてきたのは、社会に対する〝教化〟のメッセージです。個人へのメッセージという面では、非常に多様な内容があると思います。死ぬこと自体は不幸ではないという話をしましたが、人間は何歳で死ななければいけないということはないのです。長寿は、残された者にとっては大変ありがたいことが多いけれども、そうではなくて、早々と逝《ゆ》かれる方の中にも、それぞれの立場において大切な役割をもっている場合は数多くあるのです。

個人の死の問題については、私は谷口清超先生の言葉を引用して、「突然の事故死にも非常に重要な役割がある」という話をどこかに書きました。[*2] それはなぜかというと、〝あの世〟には何も持っていけないからですね。まぁ、霊界にはどんな場合も、物質的なものは何も持っていけないですが、しかし、心の問題を考えると、死の瞬間まで何の準備も、予想もしていない場合は、「執着を放つ」という意味で大変重要な機会が来るということを教えていただいています。

今日は大震災の話ばかりしていますけれども、大震災以外の理由で亡くなった方が一九七人いらっしゃるわけですから、そういう方々も含めて「死んでいく」ということは、そこにその人でなければできない教化――真理の説法がなされている。それを私たちはしっかりと把握することが重要です。

震災の関連でいえば、亡くなった人の中には自分の家族を助けにいく途中だった人とか、公務に殉じた人もいた。報道で伝わっている話では、町役場に勤める女性職員が防災無線を徹底する任務があるというので、津波が来ることが分かっていても最後まで持ち場を離れなかったとか、そういう〝無我の奉仕〟をした人も多くいたでしょう。こんな場合、「仏の四無量心《しむりようしん》を行ずる」ことが死の瞬間に行われたと言えるのですね。「執着を放つ」ことが四無量心の中では一番難しい「捨徳《しやとく》」の実践ですが、それが突然の事故や予期せぬ被災があることで可能となる。今回の震災の現場で実際に何があったかは、私たちには分かりませんが、そういう四無量心の実践を大勢の方がなさっていたならば、そういう人々はきっと高度な魂の成長を遂げられて、私たちを導いてくれる立場に立たれている可能性が大いにあります。

このようにして、私たちは「死」というものを単に〝悪〟だと考えず、また肉体がなくなるのは人間そのものがグシャグシャになることだなどと思わずに、もっと信仰にもとづいて冷静に考えなければならない。生長の家の教えは「人間は死なない」という教えですから、永遠の生命である我々に何が起こったのか。また、これを契機に何を起こすべきか——そういう観点から、真理を大勢の人々に伝えていただいて、今人類が共通して抱えている〝自然と共に伸びる道〟を築き上げていくために、明るく運動を推進していただきたいと思います。

今日の慰霊祭に当たりまして所感を述べさせていただきました。ありがとうございます。(拍手)

＊1 二〇一一年八月七日にイギリス・ロンドンのコプソーン・タラ・ホテルで開催された生長の家一般講演会。講話の内容は、本書次節に収録。

＊2 本書六八〜六九頁、一九二〜一九三頁を参照。

# 5 原子力エネルギーの利用をやめよう

（生長の家一般講演会／二〇一一年八月七日／イギリス・ロンドン、コプソーン・タラ・ホテル）

## 神・自然・人間は本来一体

皆さん、本日は英国生長の家主催の一般講演会にお越しいただきありがとうございます。短い時間ではありますが、皆さんに生長の家の教えについてお話しする機会をいただいたことを、とても嬉しく思います。

最初に、本日の会のテーマである「神・自然・人間の大調和を祈る」について説明させていただきましょう。このテーマは、実は私の著書と関連があります。私は二〇〇七年に『日々の祈り』（生長の家刊）という本を出版いたしました。その本のサブタイトルが「神・自然・人間の大調和を祈る」なのです。この本は四十九の祈りを集めたものですが、それらは主として「神と自然と私たち人間」との関係についての祈りです。

なぜ私がこの本を書いたかと言えば、それは神と自然と人間との本質的な一体性について深く考えなければならないと感じたからです。私は今もそれを強く感じています。もう一度申し上げますが、私が重要だと思うのは、神と自然と人間との「本質的な一体性」です。

私は何か不思議なことを言っているでしょうか？　それとも、私は皆さんにとってまったく自明なことを言っているでしょうか？　どうお考えでしょう。もし前者であれば、皆さんはこの午後を有意義にお過ごしになることでしょう。しかし後者ならば、もう退席していただいても構いません、なぜなら、皆さんはすでに私がこれから話そうとしていることをご存じなのですから……。

冗談はこのぐらいにしておきましょう。ところで、多くの人々は、この三つの言葉——神、自然、人間——が、それぞれ別個のものを指していると考えています。そこで私は皆さんに次のことをしっかりと自覚すべきだと提案したいのです——つまり、私たちは自然の一部であるとともに、自然もまた私たちの内にあるということです。

## 「コトバの力」が環境をつくる

私がなぜこの点を強調するかと言えば、それは、自覚することは、この世界で私たちが考え、話し、行動するための基盤となるからです。皆さんは先に谷口純子・生長の家白鳩会総裁が講演の中でこの点に触れたことを覚えていられると思います。彼女は「コトバの力」について話しましたが、それは、行動（身）と話すこと（口）と思考（意）からなっており、生長の家で「現象世界」と呼んでいる、私たち自身の環境を仮につくり出しています。もし私たちが繰り返し、意図的に、物事の真の状態とは正反対のかたちで行動し、話し、考えるならば、私たちはその自分が行ったこと、話したこと、考えたことの反映である〝仮の環境〟をつくり出していきます。

ピエール・ルヴィエールさんの体験談は、この原理を説得力をもって示してくれました。彼は、自分のことを「出会った人が逃げていくような、敬遠されるような人間だった」とおっしゃいました。もっと具体的に言えば、「話し方は攻撃的で、職場では人をいじめ、非常に不機嫌」であり、何よりも、自分の間違いを決して認めなかったそうです。皆さん、今のルヴィエールさんが本当にそんな人だなんて信じられますか？　私は、彼の〝本当の自分〟はそんな「反社会的」であるとは思いません。なぜなら、いま私たちの目の前にいる彼は、明らかにそうではないからです。彼は自分の宗教的な体験を話し、どうすれば一人の人間が社会のよき一員になれるかを教えて下さいました。これは社会に対して非常に肯定的であるということです。そのうえ、彼は今では菜食主義者となり、一日二回瞑想を実修しているとおっしゃいました。

生長の家では、瞑想を一日二回、できれば朝と就寝前に行うよう勧めています。これによってルヴィエールさんは、ご本人がおっしゃるように、より自信にみち、心の底から幸福を感じるような自分に変わったのです。

## 生長の家の教えの三つの柱

人生において物事がこのように〝悪〟から〝善〟へと好転するのは、どうしてでしょうか？　それをこれから説明しましょう。ただしその前に、生長の家の教義の三本柱について、まずきちんと紹介させてください。それらは次のようなものです――

①神の創造された世界は完全円満である（唯神実相）
②私たちの周囲の世界は心の反映である（唯心所現）
③すべての宗教は一つの普遍的な神から発している（万教帰一）

これら三つの教えの中でも、今日は二番目の教えに焦点を当てることにし、必要に応じて他の二つに触れるつもりです。なぜなら、この第二の柱は、今日のテーマである「神・自然・人間の大調和」にもっとも深く関連しているからです。

さて、いまご紹介した第一と第二の教えを用いると、次のことが言えるでしょう

――神の創造された世界は完全円満であるから、神に創《つく》られた人間はどんな人でも、その「本質」すなわち真の姿は完全円満であると。しかし、もし私たちがこれとは異なる見方を自ら選択し、あるいは神の子としての私たちの真の姿を自覚できない場合は、私たちの周囲の世界は心の反映なのですから、私たちが信じるとおりの姿をもって現れるでしょう。ルヴィエールさんの体験を例にとれば、もし私たちが神の完全な善性を信じ、神の子としての自らの本当の姿を自覚すれば、私たちはみな、自分の人生をよりよい方向に変えることができるのです。

私の説明に納得されたでしょうか？　人によっては、こう考えるかもしれません

――人間は時にガラリと変わることができるのだから、ある人が悪い人からよい人に変わったからといって、その人の本性が善である証明にはならないと……。しかし、先ほど申し上げたように、生長の家では、「善」とは物事の本当の姿であると考えます。多くの人々はこの点について疑いを抱くかもしれません。しかし聖書もまた、そう教えているのです。ご記憶にあるだろうと思いますが、『創世記』の第一章には、神はご自身が六日間で創造された世界を見て大いに気に入られたことが、「神はそれ

を良しとされた」という言葉を六回も繰り返すことで、入念に描かれているのです。

しかし過去から現在にいたる多くの神学者は、この重要なメッセージを無視しがちであり、そのかわりに、その後の『創世記』第二章で描かれていること——人間が土から創られたこと、女は男に従属的であること、この最初のカップルが「善悪を知る木」から取って食べるなという神の命令に従わなかったこと、その結果、エデンの園から追放されたことなどを強調する傾向にあります。

生長の家は、キリスト教やユダヤ教の分派ではありません。しかし私たちは時に応じて、聖書や仏典、神道の文献などを引用します。そのわけは、ほとんどの宗教の聖典は、それが成立した時代や関わった人々、歴史的状況などに左右されながらも、多かれ少なかれ共通の真理を反映していると考えるからです。こういう考え方は、先に触れた「すべての宗教は一つの普遍的な神から発している」という生長の家の教えから来ています。生長の家の私たちは、天地創造についての聖書の記述を非常に重要だと考えます。なぜなら、聖書のこの部分は、私たちが「実相」と呼んでいるものを描いていると解釈できるからです。「実相」——「True Image」は、TとIを大文字で表します。この言葉は、生長の家では、神が創造された世界での物事の本当の状態を意味します。私がここで強調したいのは、神が創造された世界の「実相」は、人間の肉体の五官によって知覚される世界とは異なるということです。

そんなことがどうして分かるでしょうか？　これは、私たちの五官がどれも限られた能力しかもっていないという、ごく単純な事実から言えることです。例えばどんな人も、高性能な測定器によらなければ、自分の周りを取り囲む電磁場を目で見ることはできません。また、犬やコウモリやクジラにそれができても、どんな人も超音波や超低周波を耳で聴くことはできません。嗅覚や触覚や運動感覚についても、同じように論じることができますが、時間の節約のために省略します。私がここで強調したいのは、私たちが心の中に作り上げるイメージは、私たちの目の前にある物事の本当の状態を正確には反映していないということです。つまり、私たちが目の前の世界に対して描くイメージ――この〝物質世界〟――はニセモノなのです。私たちは肉体の感覚器官によって様々な「偽《いつわ》りのイメージ」を得ているのですが、それらを本物だと思っているのです。

それでは、私たちの周囲の出来事には真の姿（true image）などないのでしょうか？　もちろんそうではありません。私たちのまわりに世界があるかぎり、それには本当の姿があるはずです。そうでなければ、いかなる世界も存在しないことになります。しかしその「本当の姿」は、私たちの心の中で呼び起こされるイメージではあり得ません。このことに気がつくと、一つの重要な事実に行きつきます。それは、神が創造された世界は、私たちが五感で知っている世界ではないということです。私たちが感覚で知る世界は、不完全であり、絶えず変化し衰退するように見えるかもしれません。しかし神の創造された世界、すなわち実相世界（True Image World）は完全であり、調和しているのです。なぜなら、生長の家では神は完全であり全能だと信じるからです。

## 生長の家の『創世記』解釈

さて、私たちはようやく「神とは何ぞや」について、生長の家ではどう考えるかを説明する段階に来ました。それは、キリスト教が神についてどう教えるかということと、それほど違いません。しかし重要な違いが一つあります。それは、生長の家では神の創造された世界を、人間が知覚によって知る世界と同じだとは考えないという点です。実際、生長の家の教えのもっとも重要な特徴は、神の創造された世界と人間が知覚している世界を峻別《しゅんべつ》することです。もっと正式な言い方では、私たちは前者を「実相世界」と呼び、後者を「現象世界」と呼びます。興味あることに、この二分法を反映していると解釈できる物語が、聖書にはいくつかあるのです。

それは先ほど触れた『創世記』第一章にある物語――つまり、神が人間を創造される前に、地上のすべてのものを創造されて、六回も「良し」と宣言されたというくだりです。『創世記』第一章では、神は男と女をどのように創られたでしょうか？　そうです、神は「自分のかたちに人を創造された。すなわち、神のかたちに創造し、男と女とに創造された」(第一章二七節)のです。皆さんはこれらの描写をどう解釈されるでしょう？　生長の家では、これらの記述は神が、ご自身にとって「はなはだ良い」世界を創られたことを示すと考えます。とても素直でまっすぐな解釈ではありませんか？　私たちは、もし神が世界を「良し」と宣言されたのであれば、それはまさに完全円満な世界にほかならないと考えます。

しかし、多くの聖書解釈者は、こういう素直な見方をしません。なぜなら、その次に来る『創世記』第二章には別の創造物語――第一章の記述とは矛盾する話が出てくるからです。皆さんは、『創世記』の第一章と第二章には、一見矛盾する二つの創造物語があることにお気づきでしょうか？　生長の家では、これは、私たちが「実相世界」と「現象世界」と呼ぶ概念を裏付ける非常に重要な事実だと考えます。生長の家創始者の谷口雅春先生は、『創世記』第一章は実相世界の創造を描いており、第二章は、私たち人間がどのようにして現象世界を知覚するに至ったかを示している、と書いておられます。

皆さんの中には、この「実相」の話が、私たちの現実の世界――未解決の問題が山積して私たちを悩ませているこの現実の世界と、いったい何の関係があるのかと不思議に思う方もおられるでしょう。しかし生長の家では、実相世界の存在を自覚することとは大変重要なことです。なぜなら、私たちは、この世界に実相が十全に反映されたならば、〝現実〟の世界のあらゆる問題は、そのときすべて解決されると考えるからです。私は今〝現実〟という言葉をカッコ付きで使っています。それは、私たちの知覚している世界は、まさに〝現実〟のように見え、また感じられていても、前にお話ししたように、それは本当の意味では〝現実〟のもの——つまり本物ではないからです。そうであれば、私たちは現実ならざるものよりも、本物について関心をもつべきではないでしょうか？　さらに申し上げたいのは、宗教というものは昔からこの「実相世界」に関心をもってきたということです。ただし、必ずしも同じ言葉遣いをしてきたわけではありません。ある宗教ではそれを「天国」と呼び、別の宗教では「神の王国」という言葉を好み、さらに別の宗教では「涅槃《ねはん》」とか「浄土」という言葉を使ったかもしれません。

## 現象世界は心の反映

そうは言いましたが、私はもちろん、ここにお集まりの皆さんが、日常生活の場である「この世界」に興味をおもちであることは十分承知しています。ですから、それについて話しましょう。ただしここからは個人的な経験にこだわらずに、もっと広く、社会全体の経験に焦点を当てたいのです。

生長の家で「この世界は心の反映だ」という場合、その「心」とは個人的と集合的の両方の意味をもっています。この二つを含んだ意味で、「私たちの周囲の世界は心の反映である」（唯心所現）と言うのです。この見方は、普通の人の一般的な見方——つまり、私たちが住むこの世界は、初めからそこに在る客観的存在だという見方とは異なります。多くの人々は、自分の周りの世界（外界）とは、私たちが何の先入観や偏見や予見をもたずに明晰に観察しさえすれば、すべて同じに見え、そして同じ理解に達するはずだと考えています。しかし生長の家では、そのような明晰で何の偏見や予見もない心をもつ人など存在しないと考えます。なぜなら、すべての人は、幼児期以来の発達過程でさまざまな経験をすることで、言わば「あらかじめ条件付け」られた心をもっているからです。しかしその一方で生長の家では、私たちがこの世界を概《おおむ》ね同じように見ているという事実も否定しません。なぜなら、人間というものは、多かれ少なかれ似たような体と心をもっており、それらを通して私たちは周りの世界を経験するからです。このことを理解するために、私は多くの心理学者がしているように、心は二つのレベルに大別できるという話を紹介しましょう。その二つとは、「現在意識」と「潜在意識」です。

心理学の授業ではありませんから、ここでは心についての詳細な分析には立ち入りません。ただし、一つだけ付け加えさせていただきたいのは、私たちの潜在意識というものは、その定義通り「意識的に知覚できない」ものですから、その存在は意識的には捉《とら》えられず、従って簡単に変えることはできないということです。そのことがまた、「世界は確固な存在で、変えるのは難しい」と私たちが感じる大きな理由でもあります。

こういう考え方に賛同いただけるならば、生長の家が「自然と人間は本質的に一体である」と信じることの重要性を、皆さんは理解していただけるのではないかと思います。この本質的一体性を信じない人は、自然を人間の存在にとって障害だと見なすことになり、従って自然を改変したり破壊したりしようとします。これは時として、「私は自然を愛するし、自然を楽しんでいる」と公言する人々にも当てはまります。なぜなら、そういう人々も潜在意識では、自然は人間の敵対物だという考え方をしているかもしれないからです。ですから、私たちの周囲の世界に本当の意味で「自然との調和」をもたらすためには、私たちはその調和を完全に——つまり、意識のレベルだけでなく、もっと深い潜在意識のレベルでも受け入れなければなりません。

　現代の科学技術は「客観的」であろうと努力してきました。これを言い換えれば、〝良い科学者〟というものは、自らの研究対象と距離をおかねばならないとされてきました。この「自然から距離をおく」という姿勢は、数多くの科学的発見と技術革新をもたらしました。私はそれを大いに称賛するものですが、しかし同時に、この姿勢は、一種の〝分離〟であると考えます。自分自身を何かから分離させながら、それと調和することなどできません。これが、現代の科学技術が抱える一つの問題です。科学技術が進歩するにつれて、そこから生み出されるものはますます自然から離れ、自然を恣意《しい》的に操作する種類のものとなってきます。こうして私たちは、核エネルギー利用技術、バイオテクノロジー、生殖医療技術、ジオエンジニアリング（地球工学）

などをつくり出しました。私はすべての科学技術に反対するものではありません。ここで申し上げたいのは、科学技術の産物や、科学技術の使われ方すべてが、自然に配慮しているわけではないということです。

## 東日本大震災が示した日本社会の姿

今年の四月、私は妻と共に、大地震とそれに続く津波に襲われた日本の東北地方を訪れました。そのとき私は、自然と一つになることの必要性を強く感じました。すでにビデオ映像や報道写真でご覧になった方も多いと思いますが、五〇〇キロ以上も続く沿岸地域一帯が、津波によって何もない平地と化し、一面泥で埋まっていました。その中で、わずかな人数の救援隊が、平地のところどころでクレーンや重機を使って、風景から失われたものを回復させようとしていました。その作業のほかは、人の生活の気配を示すものは何もありませんでした。その作業は、絶望的に見えました。なぜなら、東北の風景から失われたものは、水田の一つや二つとか、建物の一区画、二区

東日本大震災の被災地（2011年4月13日、著者撮影）

画などではなく、いくつもの街や港湾施設全体、広大な水田の広がり、そして工業地帯全体であり、それらが約二万の人命とともにごっそりと失われたからです。それはまるで私たちの文明の一画が、自然によってモギ取られたかのようでした。

こうした光景を目の前にして、私はとても頭を悩ませました。というのも、私はこれまで、人類は「自然の中に」いて、「自然と共に」あると考えてきたからです。自然が人類を破壊したり、人類を罰する理由など、何ひとつ思いつきませんでした。その後、東京電力福島第一原子力発電所内の破壊の実態が明らかになってきました。原発周辺の住民たちの避難が始まりました。やがて「事故」の原因が公表されはじめました。原子炉の冷却に必要な電源がすべて失われたというのです。その理由は、その原発は、全電源の喪失など起こりえないという想定の下で稼働してきたからです。言い換えれば、原発事故の予防策はまったく不十分でした。地震国の海岸近くに原発が建設されてきたという事実を考えれば、この予防策の欠如はとりわけ深刻です。端的に言って、人間は自然をばかにしてきたのです。

津波によって大被害が起こったことについても、同じような原因が指摘されています。『ニューヨーク・タイムズ』は四月中旬の記事で、日本は一つの国として、石碑や記録の形で残されている先人たちの多くの警告を無視してきたと報じています。そういう警告のひとつが「津波石《つなみいし》」と呼ばれるものです。そこには、「ここから下に家を建てるな」などとはっきり刻まれていたのです。記事はこう述べています――

こういう「津波石」は日本の沿岸部に何百もあり、中には六世紀以上前のものもある。それらは、この地震国をしばしば襲った恐ろしい津波被害の無言の証人として今も立っている。だが、学者たちによれば、現代日本は、こうした古い警告を忘れ、また無視してきたので、今回の津波の襲来で再び苦い経験を味わうことになった。

（『ニューヨーク・タイムズ』二〇一一年四月二十一日、拙訳）

とはいえ、地震の被害を免れた集落もいくつかありました。そのひとつは、わずか十一軒の人家しかない岩手県姉吉村で、ここはあの地震と津波の破壊の中でも先人の警告に忠実に従ったおかげで、津波が届かない位置に残っていて無事でした。津波は石碑のちょうど一〇〇メートル下で止まり、村はその石碑より高い位置にありました。しかし、新聞記事はこう語っています。「多くの場合、第二次大戦後の経済発展で沿岸部の街が拡大していくにつれて、津波石やその他の警告は無視されるようになった。いったん高台に避難した村落でさえ、結局、漁船や漁網の近くへと再び移動していったのである」。

私はここで、日本人が集団として、社会として、自然が示す危険信号を無視するなど、自然をばかにしてきた例を二つ紹介しました。なぜそうなってしまったのでしょう？　その理由は「経済発展」であると言われます。戦後日本は、原子炉冷却のための電源がすべて失われることなどあり得ないという想定のもとに、原発を五十四基も建設してきました。このように想定することで、電力業界は原発の建設費と維持費を最小限に抑え、電気代を比較的安く抑えることができたのです。また、今回の津波被害について言えば、私たちは社会として、経済的利益を求めるあまり、「自然の力を敬え」という歴史と先人の警告を無視してきたのです。

## 原子力の利用をやめよう

私の批判は、自国の同胞に対して厳しすぎるでしょうか？　私は日本人だけを批判するつもりはありません。そうではなく、このように考え、行動するのはよくないという悪い例――つまり〝反面教師〟として、日本のことを取り上げているつもりです。将来のエネルギー利用のあり方について、その決定に関わる世界の大勢の指導者や専門家たちは、今後の日本のエネルギー政策の行方に注目していることでしょう。私は、

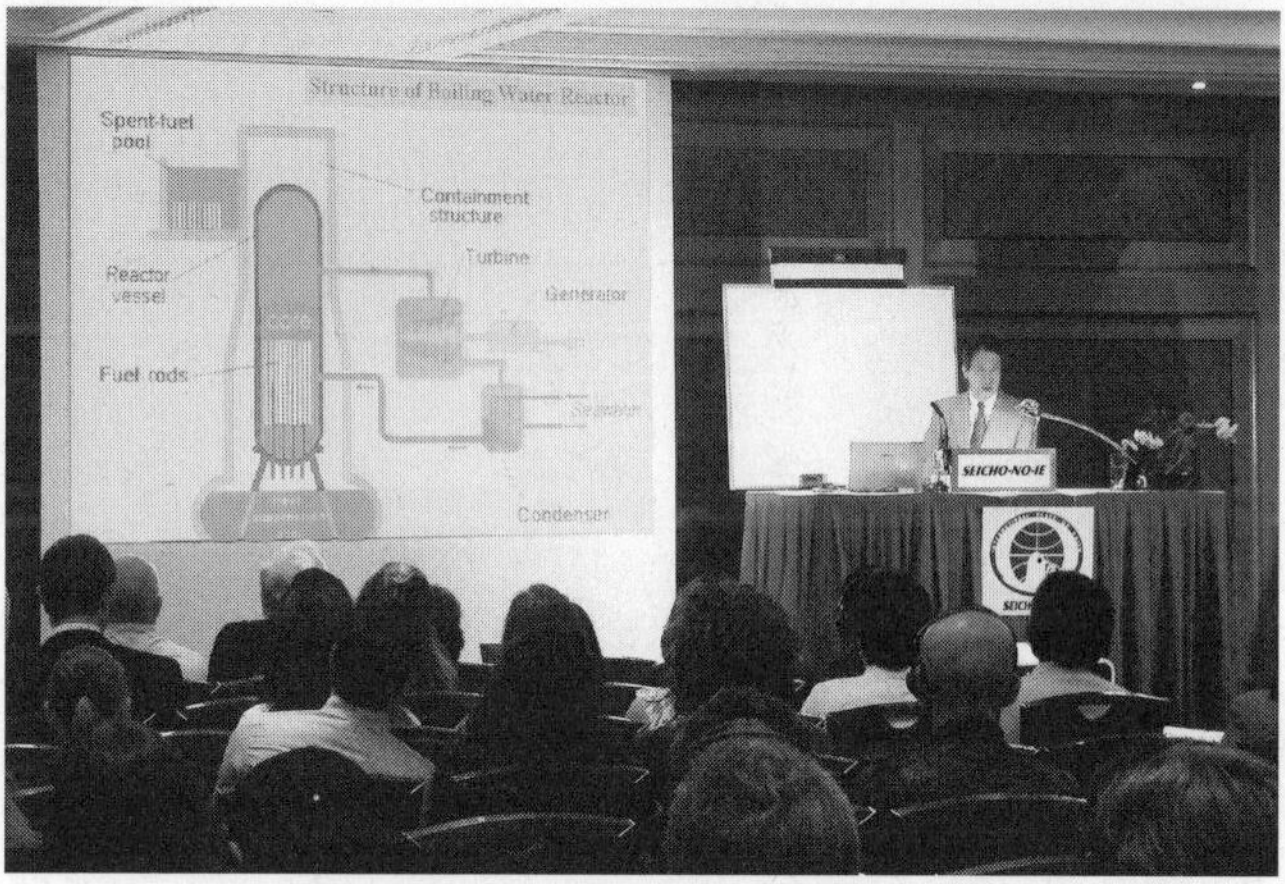


ロンドンの一般講演会で原子力の利用中止を訴える著者

　これからの人間社会は原子力エネルギーの利用を減らしていき、可及的速やかにその利用を完全にやめるべきだと強く思います。なぜなら、原子力エネルギーは、人と自然との本質的な一体性と対極の関係にあるからです。原子力エネルギーは、人を含むあらゆる生物の生存に危険な高濃度の放射性物質を、分厚い金属容器に密閉し、その周りをコンクリートの壁で覆《おお》い、そのうえ高熱で爆発しないように常時水で冷やし続けるという、きわめて〝不自然〟な形で利用されています。これは自然がもつ「生命を守り育てる」という本来の機能を、自然自身から奪うようなやり方です。またその結果、放射性廃棄物が生産されますが、私たちはこれを生物にとって無害化する手段をもっていません。〃一見〃無害なものにする唯一の方法は、地中深く埋めることです。そうしながら私たちは、未来世代の人たちが何とかそれを無害化して生き延びてくれるだろうと、無責任にも祈るだけなのです。

ここで私が申し上げたいのは、個人より広い「社会」のレベルにおいても、環境は私たちの心を反映しているということです。大地震や原発事故は、神の日本への呪いでもなく、自然破壊によって神の創造物を傷つけている産業に対する神の呪いでもありません。そうではなく、私たち人間の側が、社会として、自分たちの望むようにエネルギーや資源をたやすく豊富に与えてくれない自然を呪ったのです。私たちは、「経済発展」の名のもとに自然破壊や自然からの搾取《さくしゅ》を称賛してきました。自然に対する思いやりは、貧しい人たちへの思いやりと同様、「自由貿易」の名のもとに妨害されてきました。「強いほどいい」という考えが広く社会全体の心に浸透してしまったため、私たちの環境には、その態度が「核兵器」や「原子力エネルギー」の形で反映しているのです。それらは力ばかりが強大ですが、地球の生物とはまったく相容れないものです。それらは、人間と自然との不調和の産物です。だから、私たちはこの状態を正し、神の創られた世界の実相を現さねばなりません。

## 自然と人間の大調和を観ずる

三月十一日の地震とそれが引き起こした原子力災害の後、私は自分のブログの読者の求めに応じて、祈りの言葉を二つ書きました。それは、「自然と人間の大調和を観ずる祈り」と「新生日本の実現に邁進する祈り」です（本書第五章に収録）。ここで、前者の一部を紹介したいと思います。ところで、「祈り」というものは、私たちの心の焦点を実相世界に合わせ、それによって私たちのコトバの力を強め、正しい方向に振り向けるという意味で、大変効果的な方法です。

ここにいる多くの方々は、日本の科学技術のレベルが世界でも屈指のものであることに同意されると思います。しかしそれは、日本が、英国を含む他の先進国と同様に、自然に対してかなり無関心な態度をとってきたことを意味しています。私は今、個々の日本人について言っているのではありません。個人個人を見れば、科学技術の面で秀でた人もいればそうでない人もいるでしょうし、自然に配慮する心の人もいれば、そうでない人もいるでしょう。私は国家としての日本について話しているのです。なぜなら、国の政策は集合的に日本人の心を反映しているからです。「自然と人間の大調和を観ずる祈り」では、私はもっぱら科学的知見にもとづいた事実を述べることで、自然との結びつきと調和の感覚を呼び起こそうと思いました。この祈りの言葉を聞くと、科学用語を使っても、自然と人間との調和の感覚を表現できることがわかります。これから、祈りの最初の四節を読んでいきます。やや長いと思われるかもしれませんが、どうかご辛抱下さい――

神の創造《つく》り給いし世界の実相は、自然と人間とが一体のものとして常に調和しているのである。自然は人間を支え、人間に表現手段を与え、人間に喜びを与えている。それに感謝し、人間は自然を愛《め》で、自然を養い、豊かならしめているのである。両者のあいだに断絶はなく、両者のあいだに争いはなく、両者のあいだには区別さえもないのである。

人間に表現手段を与えている肉体は、その周囲を構成する自然界と物質的成分は同一である。だから、人間は自然界から酸素を得て動力とし、水を飲んで潤滑油とし、食物を摂取《せっしゅ》して肉体を維持・成長させることができるのである。これらの物質の流れ、分子や原子の循環の奥に、神の知恵と愛と生命を観ずるものは幸いである。物質は結果であり、神が原因である。すべての存在が渾然《こんぜん》と調和し、支え合っているその実相を、神は「はなはだ良し」と宣言せられたのである。

その実相を見ず、「個」が実在であり、世界の中心であると見るのは迷妄である。「個人の損得」を中心にすえるとき、人間は自然との大調和を見失うのである。自然界に不足を見出《みいだ》し、自然界を障害と見なし、自然界を自己の支配下に置こうとして、自然界の機構を自己目的に改変し利用することは、愚かなことである。自然の一部を敵視して破壊することは、恥ずべきことである。それによって人間は自然との一体感を失い、自然治癒力を含めた自然の恩恵を自ら減衰《げんすい》させ、生き甲斐さえも失うのである。

人間が自然を敵視すれば、その迷い心の反映として、自然の側から〝敵〟として扱われるような事態が現れてくるのである。人間が山を削り、森を切り倒し、川を堰《せ》き止め、湖や海を埋め立てて、人間だけの繁栄を画策しても、それは神の御心ではない。それは神が「はなはだ良い」と宣言された実相世界とは似ても似つかない〝失敗作品〟である。実相でないものは、必ず破壊と滅亡を迎える時が来る。それは偽象《ぎしょう》の崩壊であり、業の自壊である。

## なぜ信念が必要か

さて、そろそろ話をまとめる時間になってきました。今日の講演のテーマは「自然と人間の大調和を観ずる祈り」です。はじめに私は、神と自然と人間とは本質的に一体であることを強調しました。その理由として、私は生長の家の教義の三つの柱を紹介し、そのうち、今日の講演の要点は第二の柱――「私たちの世界は、私たちの心の反映である」ということだと申しました。それから、生長の家のもっとも特徴的な考え方を紹介しました。それは、神の創造した（実相）世界と人間の知覚している（現象）世界を区別するということです。ここで私が強調したのは、神の創造した善なる世界——実相世界が、唯一の真なる存在であって、人間の知覚している世界は仮のものであり、したがって、人間によって変えることができるということでした。だからこそ、私たちは生活の場を改善するにあたって、自分の行動（身）と、言葉（口）と、思考（意）とが重要になってくるのです。その後、私はこの三月に日本を襲った地震と津波の後、私が経験したことについて話しました。その目的は、次のような私の分析を紹介するためです。それは、日本人がそのとき堪え忍び、今も堪え忍んでいる苦難は、すべてが自然災害に伴う偶然によるものではなく、かなりの程度、自然の力を軽視した日本人の心から来るもので、その背後には経済発展への欲望があるということです。

私がこの悲劇を取り上げた理由は、人間の集合的意識において神と自然と人間の本質的な一体性に対する信仰が欠けていれば、それによってどのような影響が私たちの生活に及ぶかという悪い例を示すためです。その後、私は地震後に書いた祈りの言葉の一部を紹介して、生長の家がこの大災害をどのように見るかについて確認しました。そして私は、生長の家が原子力の利用をできるだけすみやかにやめるべきだと考えていると申し上げました。その理由は、原子力の利用技術は、自然と人間が本質的に一体であるという私たちの信念の対極にあるからです。

皆さんの中には、生長の家がなぜ、神と自然と人間の〝本質的な一体性〟という信念に、これほど深い関心を寄せているのか不思議に思う方がいるかもしれません。そんなものは実体のない、生活の足しにもならない抽象概念だと考える人もいるでしょう。今、世界に必要なのは、そんな漠然とした信念ではなく、衣・食・住やエネルギーなどのもっと具体的なものだ――こう考える人もいるでしょう。しかし、私はあえて申し上げますが、手に触れることのできるものは、それ自身によって動くことはできません。それらは、欲望や希望、信念といった目に見えないものによってのみ、さまざまな場所へと動き、運ばれていくのです。食糧もミサイルも、人間の心や信念が動かすのです。

もしある人が、自然から奪うことで自分は幸せになると考えているなら、あなたはその人が自然と共にあり、自然と調和した関係にあると思うでしょうか？　その「自然から奪う」という行為が、何千エーカーもの森林を破壊し、有害な化学物質やがんの原因となる放射性物質を周囲にまき散らすことを意味するならば、この問題はより深刻なものとなります。私たち人間はそんな行為を繰り返してきたし、これからも繰り返そうとしているのです。それでもなお皆さんは、私たち人間の社会が、神と自然と人間の本質的な一体性を信じていると思いますか？　信念というものは、もしそれが真実であるならば、実行に移されなければなりません。しかし、その兆《きざ》しはまだほとんど見えていません。

## 信念は行動を要求する

そこで私はこう感じます——私たちは神と自然と人間の本質的な調和を信じるだけでなく、その調和を実際生活に実現するために、何らかの行動を起こすべきだと。近年、環境意識の高まりのおかげで、ご存じのように、環境保護に役立つ数多くの製品やサービスが提供されるようになりました。ここにおられる方々の多くは、すでに何らかのかたちで自然界に配慮した活動に関わっていると思います。そのことで言えば、東京の生長の家国際本部では、近年、新しい種類の取り組みを始めました。それは〝森の中のオフィス〟構想です。

簡単に説明しますと、それは生長の家の国際本部を、日本の首都である東京から、山梨県北杜市の標高一三〇〇メートルの高地に移転させるという構想です。その最大の目的は、オフィス自体と通勤によって排出される温室効果ガスを減らすことです。しかしもっと長期的な目的は、私たちのライフスタイルをより自然と調和したものに変えることです。具体的には、ガソリン車をやめて電気自動車を利用すること、自分たちが食べる野菜を育てること、森林保全に資すること、電力源として木材チップを使うことで地元の森林管理に貢献すること……などが含まれます。敷地の造成工事はこの春に始まり、オフィス完成後に本部が移転するのは二〇一三年の春か夏になる予定です。ここにあるのが、オフィス建物の完成予想図です（本書一三六頁参照）。地元の木材を使った木造二階建ての複合建築物です。また、ご覧のように、太陽光発電および太陽熱暖房システムが広い屋根の全面に用いられています。

今日の講演を終えるにあたって私が強く申し上げたいのは、社会を一定の方向に動かすために最も大切なのは、その方向に対する信念だということです。もちろん、何であれ大きなプロジェクトには人とお金と資本が必要です。しかし、それらすべてはプロジェクトの目的に沿って正しく使われねばなりません。そして、この方向づけに必要なのが信念なのです。ここに集まった方々は皆、神と自然と人間を愛していられると思います。そうであれば、この三者の調和は、皆さん一人ひとりの心の底からの希望であり、本当の夢であるにちがいありません。生長の家が提供できる素晴らしいことの一つは、私たちの心の底からの希望、本当の夢は、神の創造された実相世界ではすでに実現している、というメッセージです。私たちの仕事、私たちの使命は、そのイメージの〝写し〟をこの世に現象として表現することです。そして芸術家や建築家がそうするように、その表現の過程を喜んで楽しむことです。

皆さんには、今日の午後、私の講演会にお運びいただき、本当にありがとうございました。今日の場では、生長の家の教義についてもっと深いところまでお伝えできなかったことを、申し訳なく思います。もし、今日聞かれたことの中に、何か心を打つものがあり、生長の家についてさらに知りたいと思われるならば、ここロンドンで開催される誌友会のひとつにどうぞお越し下さい。そのほかにも、生長の家の誌友会はヨーロッパ各地で開催されていますので、どうかご遠慮なく、駐在本部講師の大塚裕司さんに連絡されて、詳しい情報をおたずね下さい。

本日はこの催しにご参加下さり、本当にありがとうございました。私は英国で講演するのはこれが初めてですが、皆さんとは旧知の仲のように感じています。この機会を与えて下さいましたことに心から感謝申し上げます。

# 第四章　現代文明転換への視点（講演録）

# 1 「自然を愛する」ことの本当の意味

（この講演録は、二〇一〇年五月一日〜三日に開催された平成二十二年度の生長の家白鳩会、及び相愛会・栄える会合同の全国幹部研鑽会、青年会全国大会での三回の講話を一本にまとめたものです。）

## 仏教の「慈悲」とキリスト教の「愛」

皆さん、ありがとうございます。（拍手）

私の持ち時間はちょうど一時間となっていますので、時間はたっぷりございます。ごゆっくりお聴きいただきたいのですが、舟をこがない程度にお願いいたします。（笑い）

今日、私は、三段階の順序を追って話をするつもりであります。まず第一は、「四無量心《しむりょうしん》を行じる」という宗教的な要請についてです。私たち生長の家の運動で今、強調されているのが四無量心です。私は、去年の秋季大祭のころから「四無量心を行じよう」と皆さんに提案しているのであります。これは仏教の言葉で、「仏の四つの無量の心」という意味です。こういう言い方をすると、キリスト教から生長の家に入られた方は、「私には関係ない」と思うかもしれませんが、そう思わないでください。キリスト教でも「神は愛なり」と言い、キリスト教は〝愛の教え〟ということになっているからです。四無量心という概念は、その「愛」という言葉で一部がカバーされています。

今、「愛」という言葉は非常に安売りされていまして、動物にも愛があるということになっている。しかし、仏教的には愛は煩悩《ぼんのう》の一種に入れられています。つまり、広く「愛」という言葉でカバーされている感情の中には、否定されるべき部分もあるということです。しかし、もちろん肯定したり、目標とすべき高度の愛もある。その高度の部分は、仏教の説く四無量心と重なり合っているのであります。

次に、二番目に申し上げたいのは、最近の脳科学が、この宗教的要請を支持しているということです。つまり、私たちの脳を研究している科学者たちが、人に愛を与えたり、四無量心を行じることは人間の本質的な特長だと考えるようになっているのです。近年は、脳科学が発達していまして、新しい発見が続いています。皆さんも書店に行きますと、脳科学者の茂木健一郎さんの本を初めとして、いろいろの脳科学の本が目につくと思います。そういう知見の中から、つい二十年ぐらい前に発見されて、これまでの常識を変えるとも言われる重要な発見があるので、それに触れたいと思います。具体的には、これはミラーニューロンと呼ばれている私たちの脳のシステムの一つで、他者の心を鏡のように映し出す機能をもっていて、人間において最も高度に発達しているものです。

それから最後の三番目には、人類と地球の未来に目を向けます。地球温暖化の抑制のためには、人類の生き方――ムダ使いが多く、温暖化ガスを排出するライフスタイル――を変えなければいけないのですが、その問題と、今、申し上げた仏の慈悲心と、脳科学の発見とが、何の関係があるのか？　二千年以上前からある仏教の教えと、最近の二十一世紀の脳科学の発見が、将来の人類の指針となりえる共通点をもっているのか、ということです。

この疑問への答えを最初から申し上げると、これらの三つは大変密接に関係していて、共通点があるのです。ですから、そういう視点を皆さんに持っていただきたいのです。そして、地球温暖化を食い止めるのに必要なのが、まさにこの四無量心や高度の愛を実践していくことだ、と申し上げたいのです。それも、人間に対するだけでなく、自然界そのものに四無量心を行じていく。それが我々人間には可能であるし、人間でなければできないことである。だから、地球上の生物を我々と同じ〝生命の仲間〟であると観じ、四無量心の表現としての生活を行い、また新しい産業を起こしていくことが重要である。そういう結論に持っていければ幸いです。

## 宗教と脳科学の関係

それでは、順序にしたがって話を進めていきましょう。

四無量心については、本日のテキストである『新版 善と福との実現』(谷口雅春著)には、一二九頁から始まる「第七章　四無量心の展開」というところに説明があります。

我々が一般に使っている「愛」という言葉の意味の中には、「性愛」というのが含まれますが、これは仏教においては「煩悩」とされている。また、「愛玩《あいがん》」とか「愛着」に類する感情も、仏教では克服すべき執着心だと考えられています。ですから、そこのところは排除した「愛」の話をしたいのです。それは、仏の教えでは「慈悲《じひ》」と呼ばれているものである。生長の家ではそれがどのように位置づけられているかが、一二九頁には書いてありますので、先《ま》ずそこからご紹介いたします。

「仏心《ぶつしん》とは大慈悲心是《だいじひしんこれ》なり」と観無量寿経《かんむりょうじゅきょう》にあり、また慈悲は展開して慈《じ》・悲《ひ》・喜《き》・捨《しゃ》の四無量心となるとも云《い》われている。（同書、一二九頁）

「仏心」とは仏の心ですから、仏教が目指す〝目標〟と言ってもいい。それが「大慈悲心」であると書いてあります。強調した言い方です。その偉大な仏心が展開すると、慈・悲・喜・捨という四つの偉大な心となる、というのです。その続きです。

また生長の家の本尊は観世音菩薩《かんぜおんぼさつ》であるとも云われ「観世音菩薩悲願《ひがん》のあらわれ」と云う言葉は「生長の家」の随所《いたるところ》に見出《みいだ》される言葉である。

（同書、一二九頁）

悲願という場合の「悲」というのは、「悲しい」という意味ではなくて、慈・悲・喜・捨の中の「悲」に当たる。それが生長の家の教えのいろいろな所に出てくると解説されています。

悲願とは何であろうか。「悲」は「抜苦《くるしみをとる》」であると註釈せられている。観世音菩薩には「大慈大悲」の冠頭語が概《おおむ》ね冠せられて用いられている。観世音菩薩は大慈大悲の仏様なのである。観世音菩薩を本尊とする吾々《われわれ》生長の家信者は大慈大悲をもってその生活規範《せいかつのてほん》とすべきことは当然である。（同書、一二九～一三〇頁）

谷口雅春先生はこのように仰《おっしゃ》っていて、我々は観世音菩薩を本尊として拝むと同時に、その現れである「大慈大悲」の心を起こす生き方を実践すべきである、と説かれているのであります。この意味を今日的に考えてみたいと思うのであります。

## 慈・悲・喜・捨は高度な愛の心

四無量心――この言葉は、私が最近の講習会ではよく話しているので、皆さんもご存じだと思います。半分復習のつもりで聞いてください。

四無量心というのは「仏様の四つの無量の心」という意味です。先ほどのご文章の中にもありましたが、「慈・悲・喜・捨」という四つの漢字が当てられている。先ほどの文章では「悲」の語の説明に「抜苦《ばっく》」という意味が使われていました。けれども、これには説が二つあるようですね。谷口雅春先生の本でも、『詳説 神想観』では「慈」を「抜苦」と解説しています。しかし、本質的な違いではありません。

「慈」というのは「苦しみを取り除きたい」という想《おも》いです。これは自分が苦しい時に「慈」の心を起こすという意味ではなくて、他人が苦しんでいるのを見て、「ああ、あの人の苦しみを抜き去ってあげたい」と思うことです。

それから「悲」の心は、「与楽《よらく》」ともいって、相手にもっと楽しみを与えたいと思う心です。これらを二つ合わせて「抜苦与楽」と続けて言うことが多いですし、「慈」と「悲」も続けて読むことが多いですから、そうなってくると、どちらが「抜苦」でどちらが「与楽」かという違いは、あまり大きな意味をもたなくなります。ですから仏様の慈悲心の中身は、「人々の苦しみを除いて楽を与えてあげたいと思う心」だと、二つを合わせて理解していただけばいい。それは、キリスト教的にいうと「愛」の心に該当するけれども、「愛」という言葉にはいろいろな意味があって、〝奪う愛〟とか〝縛る愛〟というのもあります。また、「おいしいものをたくさん食べたい」と思う心も一種の愛ですから、そういう利己的な願いや感情を除いた「慈悲」を、仏教では昔から強調してきたのであります。

さらに「喜」というのも、四無量心の一つです。「喜徳《きとく》」ともいわれます。「喜」の字を使っていますが、これは「自分が喜ぶ」のではないのであります。他《ひと》が喜んでいるのを見て、自分の喜びのように感じる心――これが仏教でいう「喜」の心でありま す。

それから最後にくる「捨」の心ですが、これを自分のものとするのは非常に難しいといわれています。「捨てる」という字を使いますが、何を捨てるかといえば、これは「他《ひと》」や「愛」を捨てるのではなくて、自分の「執着心」を捨てるのであります。例えば、皆さんが家で、かわいらしくて美しい小鳥を籠《かご》の中で飼っているとしたら、それはまだ「捨」の心に至っていない。なぜなら、その鳥の自由を拘束して、いつも自分のそばに置いておき、美しい姿を見せてほしいし、美しい声を聞かせてほしいと思っているからです。これは相手を縛る執着心の表れである。それを捨てて、相手を自由にしてやるのが「捨徳《しゃとく》」である。相手が嫌いだから捨てるのではなく、相手を好きであっても、執着によって相手を縛ることを嫌い、相手の善を信じ、その個性を最大限に伸ばすために自由にしてやる。いわゆる〝放つ愛〟を実践するのが「捨徳」です。だから、これは大変高度な愛の心と言っていいでしょう。

仏教では、この四つの心を人間の理想である「仏」の無量の心として高く掲げ、それにできるだけ近づこうと努力してきた。つまり、私たち普通の人間も、一人一人に「仏」が宿っているのですから、それを拝み、尊敬申し上げ、生活の中に生かしていこう。そういう教えを広めてきた。また、敬虔《けいけん》な仏教徒の人たちは、そんな仏の生き方に近づこうとして、自分でもいろいろな修行をしてきたのです。

## 自然界に四無量心を表現する

私たちは、人間を相手にした四無量心というのは、ある程度実践しているのです。それは例えば、我々が子供を育てる過程で行われている。子育て中の方は、子供に対する自分の気持を思い起こしてみてください。子育てを終わった人も記憶の中に残っているはずです。すると、程度の差はありますが、子供に対しては、慈・悲・喜・捨の心を起こしているのが普通です。

私には三人子供がいて、今は皆、家の外で生活しています。それは、「捨徳」の実践のつもりなのですが、やはり時々会いたくなります。そういう「愛するものを自分の側《そば》にとっておきたい」という心は、一種の執着心です。そういう、人間を相手にした四無量心の実践については、昔から説かれてきました。しかし私は、現代においてはそれだけでは足りないと思うのです。我々は自然とのつき合いの中で、自然界に対してもこの仏の四無量心を実践していくことが、これからの人類の大いなる課題になる。そう思いまして、皆さまには、ぜひそれを一緒にやっていきましょうと提案しているのであります。

具体的に言いますと、四無量心のうちの「慈悲」は「抜苦与楽」の心ですから、動物でも植物でも苦しんでいる様子を見たら、その苦しみを除いてあげようと思う心を起こすのです。そして、実際に苦しみを除くために行動すべきです。それらが苛酷《かこく》な環境にいて、絶滅の危機に瀕している場合には、人類がそれらに楽を与えるような行動をとるべきだということです。

また、私たちは、動物や植物が喜んでいるのを見て、自分の喜びとして感じることが必要です。これは簡単そうで、なかなか高度な実践ですね。それでも、ペットとの関係ならばこの辺は比較的簡単にできますね。飼っている犬が苦しんでいたら、動物病院に連れて行けばいい。そうすれば楽を与えることができるでしょう。また、そのペットの好物を与えることも簡単です。そして、ペットが喜んでいる様子を見れば、自分も楽しくなる。そこまではできる。しかし、畑の作物を食べにくるサルやシカやイノシシに、これと同じ態度がとれるかというと、そう簡単ではない。

特に、四無量心の最後の「捨徳」の実践はなかなか難しいでしょう。人類が地球環境を乱してきている一つの大きな原因は、自然界の一部のものに執着してしまって、それを得るために手段を選ばないことにあるのです。つまり、捨徳が実践できないのです。例えば、美しく輝くダイヤモンドや原子力の元になるウラン鉱石を考えてみてください。これらは自然界のものですが、人間はそれを得るために簡単に山を崩してしまう。象牙やフカヒレ、石炭、石油、天然ガスなどを得る際も、自然破壊をするのです。あるいは、庭に置くための美しい岩とか花などを、そばに置いておきたいわけです。また、風光明媚《ふうこうめいび》な土地へ、高い金を払って移住する人もいるわけですが、これらはまだ「捨徳」が完全に実践されてはいないということになる。

人類全体が四無量心を実践するまでには、まだかなり時間がかかるかもしれませんが、個人としての私たちは、しかし一生のうちに必ず一度、それをやらないといけない。そうですよね？ 私たちがこの世を去る時には、そういう物質的なものへの愛着は、全部捨てていかないといけません。

だから結局、すべての人間がこれをやるのです。それだったら、今からやったっていい（笑い）。そうでしょう？ しかしまぁ、それがなかなか難しいわけですね。逆に、この世に生きているかぎりは、自分のそばに取っておきたいと思ったりする。自分の人生はあと何年で終わり、これまで得たものを全部捨てていく。そこから先は自分は無になってしまうのなら、生きている間だけでも全部を抱えて味わいつくしたい――などという気持を起こす人が出てくるかもしれません。また、次の代の人間のために取っておきたいと執着する人もいるでしょう。こうして、自然破壊の伝統が後世に引き継がれていくことになります。

だから、自分の一生が八十年とか九十年で終わり、後は何も残らないという唯物《ゆいぶつ》的なものの見方からは、「自然を愛する」と言いながら「自然を破壊する」という矛盾した結果が出てくるのです。自分は自然の一部であり、自然と本来一体だから、「自然から奪う」必要はまったくない。そういう視点を持つことができるのは、やはり宗教を信仰している人だと思いますから、宗教心がない場合は、最後の「捨徳」の実践はなかなか難しいと思います。

私たちは、自然界に執着して、そこから〝甘い汁〟だけを吸い、残りを破壊してしまうことをやめなければなりません。〝甘い汁〟と言うと妙に聞こえるかもしれませんが、必ずしも「蜜」のことだけではなく、「自分の肉体にとって快いもの」を指します。私はこれを「得てはいけない」と言っているのではなく、得るだけでなくて、それを「他に与える」こともすべきであり、自然破壊につながる場合は、あえて「得る」ことをせずに、自然をそのままにしておくという選択肢も今、重要になっていると思うのです。

我々がそういうことを実践していくためには、やはり今までの生活を、できるところから徐々に変えていく必要がある。突然に大きく変えるとショックが大きいし、適応が難しいかもしれませんから、徐々に、一歩一歩進んでいく。私たちは、そういう過程を頭に描いているのです。先ほどビデオでも紹介されていましたが、その第一歩として、生長の家国際本部を〝森の中〟に置く決定をしました。これは森に執着してそちらに移転するわけではありません。（笑い）

そうではなくて、東京から山梨県の森の中に移るという行動をするためには、捨てていくものがありますね。映画や娯楽に行けない。展覧会を見られない。レストランの種類や数もそう多くない。パン屋さんの数はけっこう多いのですが、それは東京や大阪の繁華街とは比較にならない。冬は厳しい寒さですし、夏にはプールへ行けるかどうか……こうして捨てるものは捨てていって、しかも移転した先の自然を壊さないように生きていこうというのです。そのためには、我々人間は自然に対して〝譲《ゆず》る〟ことが必要になってくる。自然から〝奪う〟のではなく、一部は〝譲る〟中で共存する――そういう実践の時期に来ていると思うのであります。

## エンパシー（感情移入）の文明を築く

これはブログにも書きましたが、最近、こういう本がアメリカで出版されて話題

図1

図2

になっています。日本語の訳がまだ出ていませんので、原書をそのまま皆さまにご覧に入れますが、『*The Empathic Civilization*』という本（**図1**）であります。タイトルを日本語に訳しますと、「感情共有の文明」というような意味です。この本を書いた人は、ジェレミー・リフキン（Jeremy Rifkin）という人で（**図2**）、私と同い年くらいです。この人は、かつて『バイテク・センチュリー』（*The Biotech Century*）という本などを書いた文明批評家でありまして、英語圏では結構名前が通っていて、ＥＵの地球温暖化対策のアドバイザーもしているそうです。その人が、この分厚い背表紙の本――全部で六七〇頁もある本を数年がかりで書き上げ今、いろいろなところで取り上げられています。このエンパシー（empathy）という言葉が、これからのキーワードになるというのです。この語は、日本語の辞書を引きますと「感情の共有」とか「感情移入」という訳が載っています。つまり、「相手の立場になって物事を感じる」ということです。どこかで聞いたことがありませんか？　さきほど私が触れた話に出てきましたね。「相手の立場で物事を感じる」というのは、「仏の四無量心」と非常に近い概念です。相手の苦しみを自分の苦しみとして感じ、相手の喜びを自分の喜びとする。それを英語ではエンパシーというのです。そして、この語はドイツ語から来た造語である。人類の歴史の中では〝ごく最近〟に当たる、十九世紀末から二十世紀の初頭に作られた言葉なのです。

このことを知れば、私たちは「仏教では同じ考えが二千年前から説かれていた」と自慢できるのではないでしょうか。でも、この考え方は、英語圏の文化には存在しなかったようなのです。だから、造語する必要があったのでしょう。そして、この考え方を二十一世紀の今、アメリカ人の文明批評家が、これからの時代に必要なものとして取り上げている。他人への感情移入――エンパシーを重視した生き方をしなければいけないとする本を書き、話題になっているのです。これによって、私たちの考えの歴史的な位置が何となく分かると思います。つまり、人間は、長い歴史の中でいろいろなことをやってきたけれども結局、あまり変わったことを言っていないのです。仏教の教えと、この人の言っていることとは、それほど意味に違いはない。ただ彼の場合、二十一世紀の知識人として、仏教で言わないことも本の中にたくさん書いています。

例えば、こんなことです。これからの時代に何が必要かというと、「分散配置された再生可能エネルギーの利用によって、第三の産業革命を起こせ」というのです。いわゆる〝自然エネルギー〟の特徴は、風力にしろ太陽光にしろ水力にしろ皆、入手できる量が限定的ですから、それを得る場所で、使うだけの量を得て利用するのが基本になります。だから「分散配置」されることになる。これに対して、近代以降の人類が利用してきたエネルギーは、原子力にしても火力にしても水力にしても、一カ所に大量のエネルギー源を集約して、そこで得た巨大なエネルギーを、多くのユーザーに長い電線やパイプライン、ガス管などを使って分配する――いわば「中央集中」の方式を採っていた。しかし、これからはその土地でできるエネルギーをその場で利用するという「分散配置」が基本となり、そういう技術が開発されてくると思います。そうすると、社会や経済の構造にも大きな変化が起こる可能性があるのです。その土地で言わば〝自前〟のエネルギーをつくって、利用するわけですから、中間に大企業が関与する必要がなくなる。だから例えば、東京電力や関西電力、中部電力、四国電力がなくなるかもしれない。北海道電力もなくなるかもしれない。中央集権的だった経済が、地方分散的になるのです。いわゆる〝ローカル〟の人たちが、その土地に合ったエネルギーの組み合わせを利用していくことが、最もムダが少ない。それにともなって政治にも同様な動きが生じる可能性がある。逆に、そういう社会や経済が成立しないかぎり地球はダメになる。つまり、資源の枯渇と海面上昇による国土の減少が起こるから、利益追求に走る人間は戦争を起こすかもしれない。そういう警鐘を含んだ本なのであります。

これはそのうち日本語の訳が出るでしょうから、興味のある方は読んでください。ただし六七〇頁ありますから、日本語の本になると、二～三冊の分冊になるでしょう。興味がない方は、今日の話で納得してください。（笑い）

## ミラーニューロンの発見

さて、このリフキンさんの本の第一部の第三章には、「ミラーニューロン」という言葉が出てきます。「ミラー」とは鏡で、「ニューロン」というのは神経細胞のことです。つまり、私たちの脳の中には外のものを〝鏡〟のように映し出す神経細胞の一群があるのです。それは、比較的最近発見されたことであります。このことは、考えようによっては当たり前のことなのですが、しかし角度を変えて考えてみると、全く当たり前ではない〝不思議な現象〟なのです。それを皆さんに知っていただきたいので、少し専門的になりますが、脳の解剖図などを使いながら、これからしばらくの間、説明をしたいのであります。第二段階の話に入ります。

私たちの脳は、こういう格好（**図3**）をしています。画面の脳は大きいですが、実際の大きさはもちろん、頭蓋骨《ずがいこつ》の中に収まるサイズです。これは、脳を左側面から見た図で、向かって左側が頭の前方――つまり、目がついている方向で、右側が後ろ頭です。そうすると、この中央部に裂け目ができて脳が画面上は左右に分かれています。脳の全体から言うと前後に分かれているのですが、その境目を「中心溝」と呼んでいます。その中心溝の周りに色をつけてありますが、青色のところが「運動野」で、オレンジ色のところが「感覚野」であります。そして、感覚野と運動野の間の……感覚野の側の狭い領域を「体性感覚野」と呼んでいます。これらの脳は何をしているかと言いますと、「運動野」は運動をする時……例えば今、私は手を上げ下げしていますが、この時、脳のここの神経細胞が発火して――「発火する」というのは微弱な電気が流れるという意味ですが――それが脳の外へと次々と伝わって、私の手の筋肉細胞を動かすことになるわ

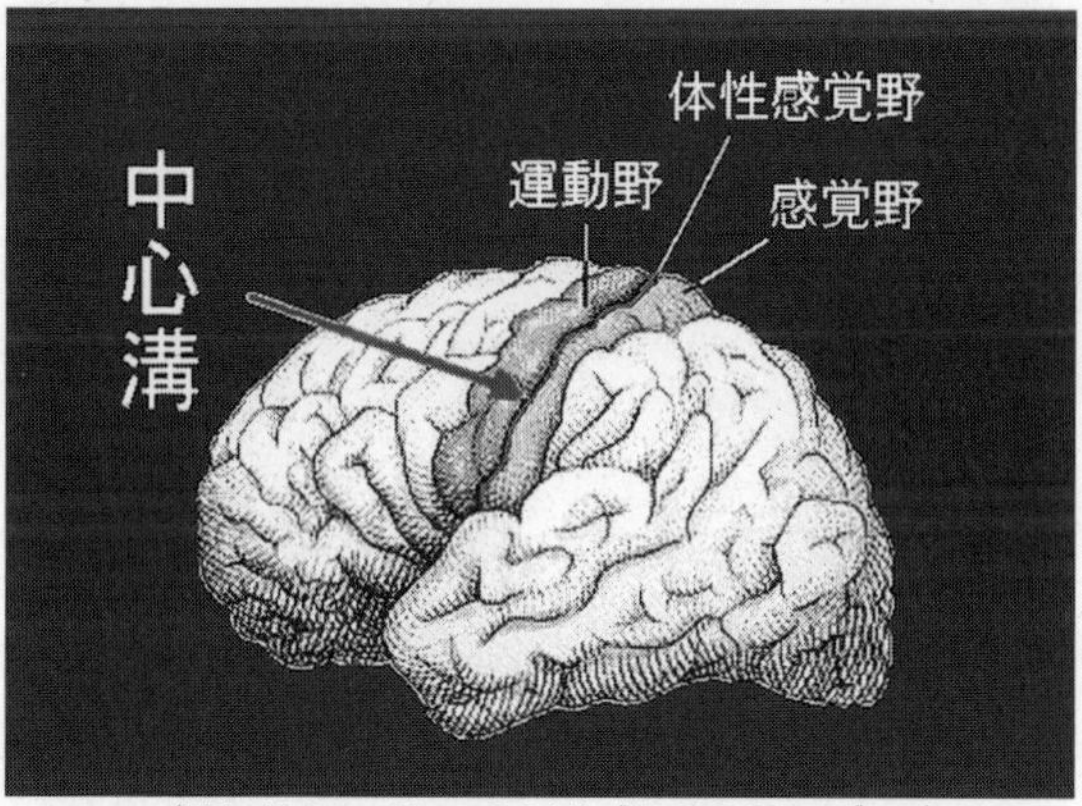


(Michael I. Posner, Marcus E. Raichle *"IMAGES OF MIND"*, p.14)

**図3**

けです。感覚野も運動野も、それぞれが図では見えない脳の向こう側にもぐるっと巻いた形になっていますから、この中心溝で脳を輪切りにすると、こういう図（図4）が描けます。分かりますか？前の図（図3）を中心溝から輪切りにした切り口を、さらに運動野と体性感覚野を分離して、左右対称に置くと、この図（図4）になるわけです。向かって右側が「運動野」で、左側が「体性感覚野」である。この「体性」の意味は、「体に関する」ということです。だから、体から感じる神経が集まっているところである。

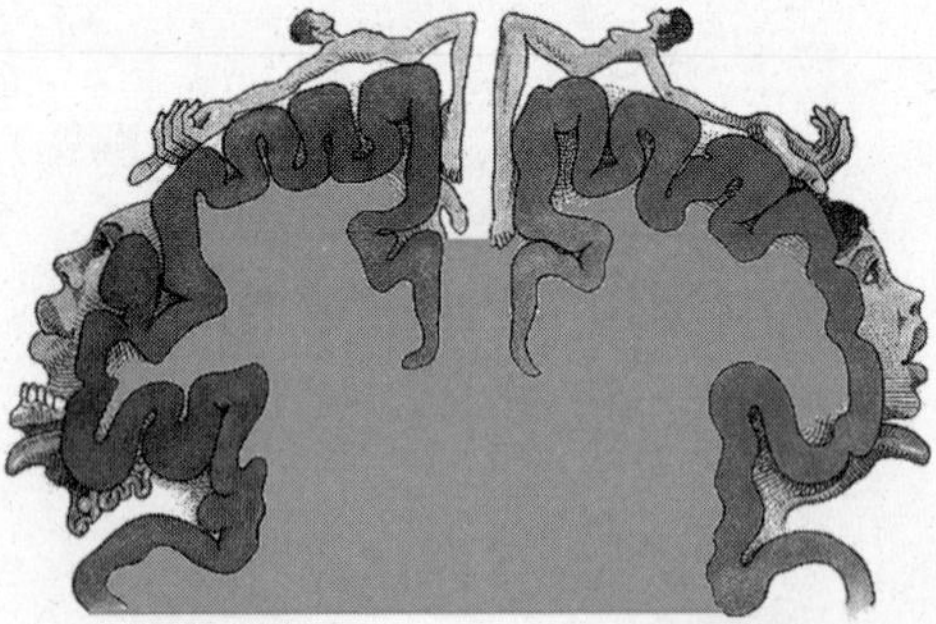

（Michael I. Posner, Marcus E. Raichle *"IMAGES OF MIND"*, p.14）

図4

この図（図4）では、上の方に人が横になっている絵が描かれていますが、これは、それぞれの脳の表面のどの部分が、体のどの部分の「感覚」や「運動」に対応しているかを示しています。実際に、小人が張りついているわけではありません。また、女私の人と男の人の絵になっていますが、これも、男女双方に通用するという意味で、ここにたちの脳の中に男と女が棲《す》んでいるわけではありません。ですから、例えば、ここに大きな指が出ていて、手全体が体に比べて大きいですね。なぜかというと、それだけの数の神経が手に集中しているからです。手を動かしたり、手の感覚を得るために、人間の脳はそれだけ多くの領域を使っているということです。

それから図の両脇には、顔も大きく描かれています。これも、顔から得る感覚や顔の筋肉を動かすために、人間の脳はこれだけ多くの神経細胞を必要としているということです。人間がつくる表情は、他の動物に比べて大変豊かです。だから、これだけ多くの神経細胞が動員される必要があるのです。また、顔の下の方に「舌」が描かれていますね。これがまた、体全体に比べて大きい。それは、人間は舌を複雑に動かして「言葉」を発するからです。また、舌を使って複雑な「食感」を楽しむこともできる。こうして脳の図を見て分かることは、人間は体のどの部分が特化して発達しているかということです。それは、「手」と「顔」と「舌」です。人間は、手で道具を作ったり使ったりして、生存を確保してきました。また、顔の筋肉を複雑に動かして相互のコミュニケーションをとってきたし、言葉を使って複雑な概念や思想を操ってきた。そういうことが、人間の脳の解剖学的な特徴に表れているわけです。

また、この図を見て分かることは、体の各部を動かす筋肉の働きと、それらの各部から感覚を得ることとは、神経細胞の系統としては明確に区別されているということです。それは、脳にある「体性感覚野」と「運動野」とが明確に分離していることから明らかなのです。具体的に言えば、手の筋肉を動かす時に使われる神経系と、手から伝わる感覚を得る際の神経系とは、別個のものだということです。だから、脳科学の分野では、感覚や感情と運動神経とは相互に干渉しないという考え方が長い間、支配的でした。

## 脳科学による〝仏心〟の証明

ところが、この〝常識〟が覆される発見が約二十年前にありました。それは、イタリアでのことです。ここにイタリアの地図（**図5**）を出しますので、そこへ行った気分で聞いてください。

図5

北イタリアの小都市に、パルマ（Parma）というところがあります。イタリアの国土は長靴の格好をしていますが、そのブーツの付け根あたりに、この町があります。一九九〇年代の初めに、パルマにある大学で、ある研究チームがサルを使った研究をしていました。ブタオザルという尻尾の短い、ブタの尾のような尻尾をもったマカク族のサルです。「マカク」というのはニホンザルも同じ系統ですが、比較的大人しいサルなので実験によく使われるようです。この研究チームは、ジャコモ・リゾラッティ（Giacomo Rizzolatti）という神経生理学者が率いるチームで、このサルの脳に電極を挿《さ》して研究していた。人間の脳もそうですが、脳は神経細胞そのものですから、痛覚を担当しない神経は触っても痛くないそうです。だから、電極を差し込んでも跳びあがることはない。そこで、研究者は脳のいろいろの箇所を電気で刺激して、どの場所が、何をどう感じて、体のどの場所にどういう反応が起ころか……などという研究していたのです。人間の脳とサルの脳とは同じではないけれど、非常に近い関係である。サルの脳は人間の脳の四分の一ぐらいの大きさですが、先ほど言った「中心溝」があったり、左脳と右脳に分かれているというような大体の構造は同じのようです。そのため、人間の脳を研究するためにサルの脳を使うことになるわけです。

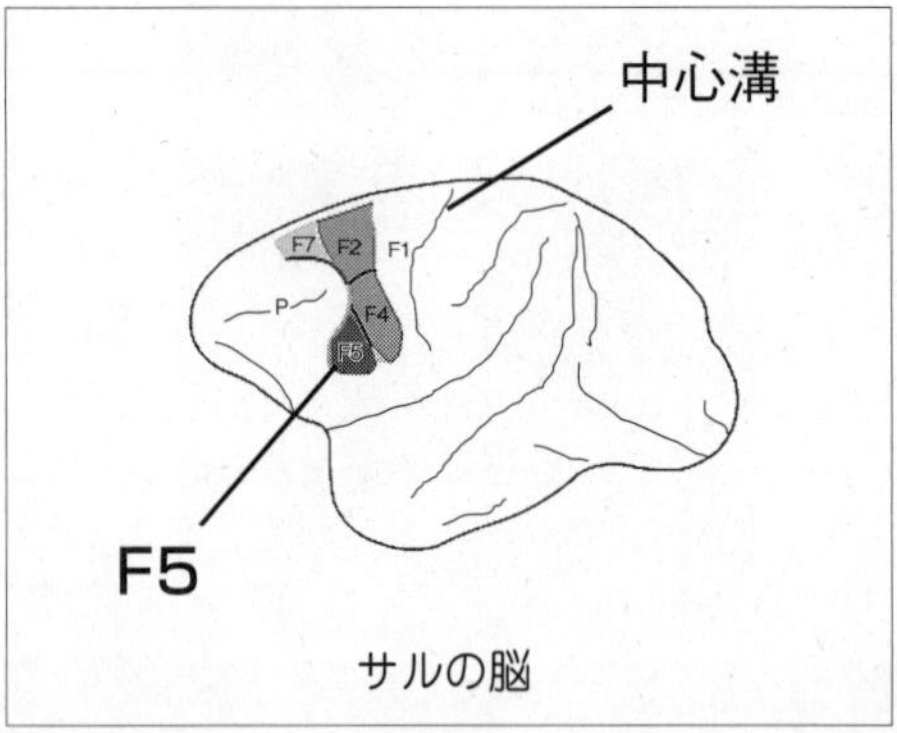


図6

この時、リゾラッティ博士のチームが調べていたのは、脳の運動野にある「F5」と呼ばれる領域——サルの脳に各所の呼び名を入れた図（**図6**）を出しました。これによると、「F5」というのは、中心溝から見て、運動野の外側（つまり、前方の目に近い側）に当たる神経細胞群を指すようです。この「F5」といわれる領域に電極を挿して、サルの反応を見ていたのです。どういう反応を調べていたかというと、サルが手で物をつかむ時、脳のどこの神経がどのように使われて、どんな動作が行われるかというような研究でしょう。その時は、研究が一段落して休憩時間になっていたそうです。ここで、サルの絵を出しますが（**図7**）、これは私が勝手に想像して描いた図ですから、実際の様子ではないことをお断りしておきます。実験台になったこのサルは、かわいそうに脳に電極を挿されたまま椅子《いす》に縛られ、じっとしていた。まぁ、おとなしい優秀なサルなのでしょう。部屋には研究員がいて、その周りをブラブラ歩いていたそうです。この時、サルはもちろん動くことはできません。が、サルの脳に挿入された電極は、ケーブルによってコンピューターに繫《つな》がっていて、そのコンピューターは動いていました。その時、歩いていた研究員が、何かをつかもうとしてパッと手を伸ばしたというのです。すると、部屋のコンピューターがビーと大きな音を立てたのです。皆さん、この意味が分かりますか？　わかりませんねぇ……。普通の人

**図7**

は分からなくていいのです。私が、これからその意味を解説しますから……。

でも、この研究員にはそれが分かった。そして、「そんなはずはない！」とびっくりしたのですね。なぜかというと、サルを見ても、椅子の上で縛られたままで手を伸ばしているわけではない。仮に手を動かせても、椅子の上からは物をつかむことはできない。また、人間が何かに手を伸ばした時、サルはそれを見ているだけですから、腕の筋肉は動いてないわけです。サルは、人間が手を伸ばして何かをつかむのを見ただけです。ところが、コンピューターは、サルの脳の「手でつかむ」という運動を起こさせる部分と結ばれていて、そこに電流が流れたのです。実際にはサルの手は動いていないのに、手が動いたと同じような反応がサルの脳内で起こった。そのことの重要性に気がついた研究員は驚いて、その他のいろいろな実験をしてみたというわけです。

その結果、どういうことが分かったかといいますと、サルには、自分が見た人間の動作を頭の中でシミュレート（物まね）する一群の神経細胞があるということです。つまり、サル自身は体を動かさなくても、人間が動かしているのを見ただけで、自分がその動作をしたかのような反応を起こさせる神経細胞が存在する。「見る」というのは感覚による刺激です。これは「動かす」という運動を起こさせる神経細胞とはまったく別系統だと考えられていた。そういう話を先ほどしました。ところが、「見る」だけで「動く」のと同じ反応が起こることが分かった。それで、そういう反応を起こさせる脳の一部を「ミラーニューロン」と名づけたのです。相手の姿や行動を自分の脳の中で再現し「鏡」のように映し出す。だから「ミラー」という名前が冠された。そして、サルにそういう神経細胞があるならば、きっと人間にもあるに違いないと考えて研究してみると、そのとおりだった。マカクザルと人間の脳の大きさには違いがありますが、ある人が確認したところでは、ここにある図（図8）の二カ所の、ほぼ同じ位置にミラーニューロンがあることが分かってきた。しかも、人間のミラーニューロンは、サルのものよりもはるかに多くのことを

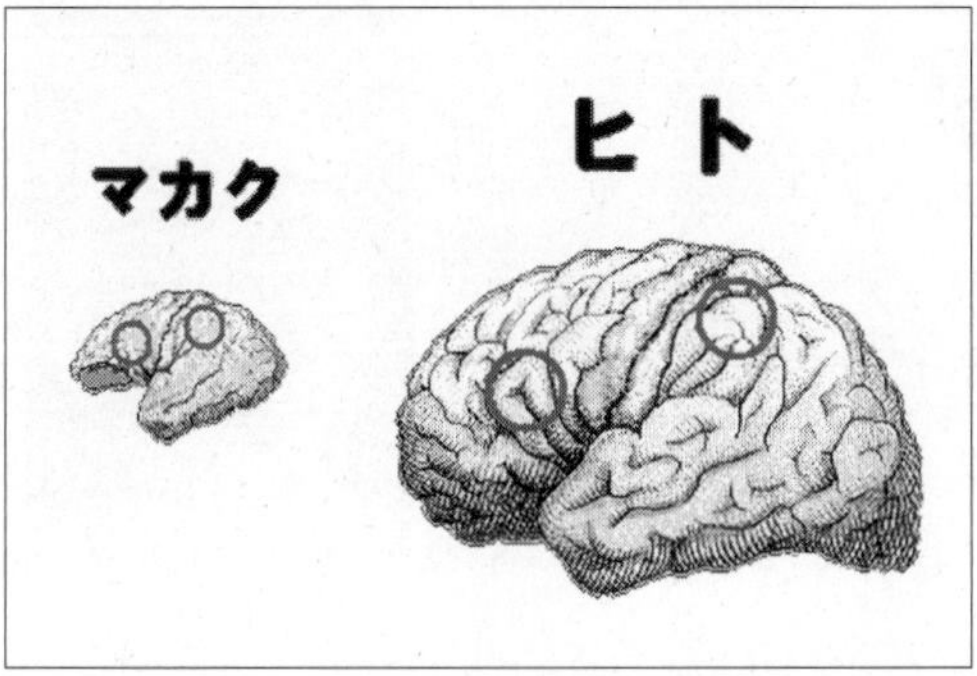

図8

シミュレート（物まね）できるようになっているようなのです。これを言い直せば、私たち人間の脳は、自分が見た相手の立場に立ってものを感じたり、考えたりする機能が備わっているということです。これは、大人の脳のことです。小さい子供のころは、それが未発達だけれども、成長するにしたがってミラーニューロンも発達してくるということです。

図9

このことは、脳の難しいメカニズムなど考えずに、常識的に考えれば、まぁ、当たり前と言えば当たり前ではないでしょうか。例えば、私たちは普通、人の顔を見れば、その人が抱いている感情が分かります。ポーカーフェイスをしている場合は別ですが、笑っている人の顔を見れば、その人が「笑っている」という事実が分かるだけでなく、見ている自分も「楽しい」気分になります（図9）。なぜ楽しくなるかというと、それはミラーニューロンのおかげだというわけです。私たちは相手の表情を見れば、その人の感情が理解できます。その場合、相手の表情の背後にある感情についていろいろ考えたすえに、論理的に結論を出すのではなく、無意識のうちに、瞬時に、理解す

図10

図11

図12

るのです。私たちの脳は、そういう芸当をする。

そのことは、実際に皆さんの目で確認することができます。やってみましょうか？（笑い）

この顔（図10）は、「びっくりした！」と言ってますね。次のこれ（図11）は苦虫を噛みつぶして「イヤだ！」と言っている。ちょっと複雑な表情（図12）でも、その人の感情を、見ただけである程度感じ取れます。

このように見てくると結局、私たちは〝感情共有の脳〟をもって生まれてきていることが分かります。だから、それを生かすことが〝人間らしい生き方〟であるということです。

サルの社会と人間の社会を比べると違いはたくさんありますが、その違いは、このミラーニューロンの発達の程度によるところが大きいのではないでしょうか。例えば、私たちは映画や演劇を見に行きますね？　なぜですか？　サルの社会では、そういう「見せ物」を大々的にやるという話は聞いたことがありません。サーカスもなければ、ロック・フェスティバルもない。人間がそういうものをつくり、大勢の人がそこへ行くのは、映画や演劇の主人公になったつもりになれるし、サーカスやロックバンドのヒーローに自分を同一化することができるからです。ヒーローの感情を体験できる。スポーツを観戦しますね。なぜですか？　サルがしないことを、我々はする。そして興奮して帰ってくる。自分はベンチに座っていて、大して体を動かしていないのに、自分が点を取ったつもりで帰ってくる。これも、スポーツ選手に自己同一化しているのです。また、人間は小説に没頭します。なぜでしょう？　それは小説には主人公がいますから、我々はその主人公になりきって小説の中の色々の場面に浸《ひた》ることができる。それが我々にとって喜びだからです。最近では、パソコンのゲームが同じ役割をしているようです。そのように、我々は日常生活のいろいろな場面でミラーニューロンを駆使して、自分以外のものの感情を共有することに喜びを見出しているわけです。もしそれが人間の特徴であるならば、私たちは人間を含んだ〝他者〟に自己同一化すること、言い直せば思いやりをもつことが、人間の本性を生かすことだと言えるのであります。

だから、ミラーニューロンをめぐる脳科学の発見を宗教的な言葉で簡単に表現すると、「人間には皆、〝仏心〟がある」ということです。そんなことは二千年以上前から言われていることだけれども、現代の脳科学は、それを別の方向から証明しつつあると言えるのであります。

ここまでで、今日の講話の第二段階は終わりました。次の段階へ移りましょう。

## アナログとデジタルのものの見方

私は、三年前のこの時期の大会で、「デジタル」と「アナログ」の話をしたのであります。今日は、その時来られた方も大勢いらっしゃると思いますが、来られなかった方も少なくないと思いますので、簡単に、大急ぎで、その時のポイントを説明します。

私たちの周りには「デジタル」と「アナログ」という二種類のものの見方、捉《とら》え方があるのです。「デジタル」という言葉は、辞書を引くと「離散《りさん》的」という意味が出てきます。〃離散家族〃の離散です。これは、同じ集団のメンバーであったものが互いに離れている状態です。もう少し硬い表現をすれば、同一集合の要素であっても、それらを互いに分離したものとして捉えるのが「デジタル」なものの見方です。これに対して、一見分離して見えるものも、連続してつながっていると考えるのが「アナログ」的なものの見方です。「連続的」とか「類似的」という日本語が、これに当てはまります。

図13

例として分かりやすいのは、アナログ時計とデジタル時計です。アナログ時計（図13）には円形の文字盤があって、長針ならば一時間でその上を一周します。短針は十二時間かかって一周します。この間のあらゆる時刻が連続の中で捉えられます。例えば、十時五十三分と五十四分の間にあるあらゆる時刻も、秒針のついたアナログ時計は秒針の位置で表現することができます。しかし、デジタル時計になりますと――写真の下の方がデジタル表示になっていますが、「四月二十六日木曜日」「二〇・三度」というように、分離した数字によって表現されます。つまり、四月二十六日と二十七日の間には二十四時間があって、さらに一時間という時間の中には六十分の幅があるにもかかわらず、その間の連続した時間をすべて省略して表現する。中間値を省略して、パッパッパッパッと数字に置き換えて捉えるのがデジタルの表現である。

私は、三年前の大会で、もう一つサンプルを出しました。それは「色」のサンプルです。ここに掲げたのはアナログの絵（図14）であります。どうしてこれがアナログかというと、黄色と青の間に多くの中間色が表現されているからです。画用紙に水彩絵の具で黄色と青の色を描くと、混ざった部分は緑色になります。当たり前のことです。しかし、本当にそうでしょうか？　言葉で表現すれば、「黄色」「青」「緑」の三色しかないようですが、実際に描いてみると、ここには黄色から青に至るまでの様々な中間色が連続して含まれている。このように、色という現象を一つの連続

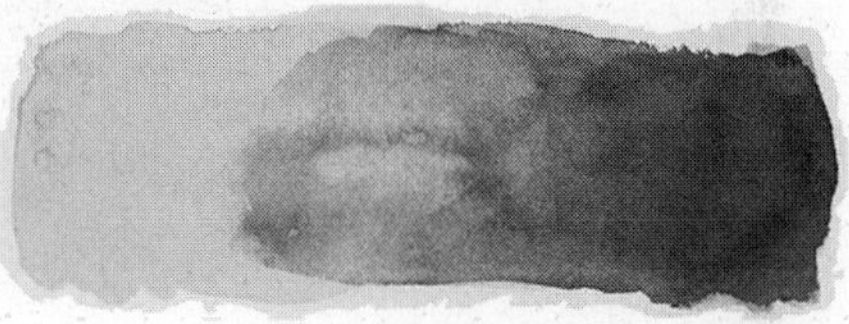

図14

として捉えているのがアナログの絵である。これに対してデジタルにこれを描き直すと、こうなります（図15）。黄色と緑と青の三色がありますが、その間に連続して存在していた中間色は全部省略されてしまう。これは、言葉で表現した通りの絵ですから、「言語」という表現媒体は基本的にデジタルな表現に優れていることが分かります。

図15

　こういう二種類のものの捉え方は、時間や色についてだけでなく、人生万般について日常的に使われています。

　社会制度の中では、デジタルな考え方が分かりやすくて便利です。例えば、人間には「男と女」がいるとされます。これはデジタルな考え方で、社会で立派に通用しています。戸籍や履歴書にも男女がはっきり分けて記入されます。でも実際は、皆さんの周りの人を思い出してみても、その中間みたいな人もいるのであります（笑い）。というよりも、人間はどんな個人にも、男性的側面と女性的な側面があるものです。だから、最近は多くの人たちが、勇気を出して自分の中の〝異性〟的な側面を表現するようになっています。特に、芸術の分野では、これはむしろ当たり前に表現されてきた。歌舞伎や宝塚歌劇などは、立派な伝統として男が女を演じ、女が男を演じてきました。歌謡曲でも、男の歌手が女の悲しみを歌ったり、女の歌手が威勢のいい男の気持を歌っています。これらは、アナログ的な感性の表現なのです。

また、「世の中には善人と悪人がいる」などと言われます。しかし、ちょっと待ってください。本当はそんなに簡単に人間を分けられません。しかし、社会制度はこういうふうに人間をデジタルに分けます。そのほうが刑は執行しやすい。有罪か無罪かハッキリしたほうが社会は運営しやすい。「疑わしきは罰せず」という考え方もありますが、これもデジタルな判断の〝変形〟です。実際には不合理かもしれないけれど、そう決めることで社会が効率的に運営される。デジタルは効率優先です。

また、「一日には昼と夜がある」とも言います。これもデジタルな考え方です。しかし、本当にそうでしょうか？　今は午後の二時前ですが、これは「昼」と言ってもいい。しかし、あと三時間後は「昼」でしょうか「夜」でしょうか？　実際には「夕方」もあるし「明け方」もある。このように、多くの物事は連続しているけれども、社会制度の面から言えば、「昼の仕事」と「夜の仕事」に分けたり、「昼の部」と「夜の部」に分けた方が分かりやすく、物事が簡単に処理できるというメリットがあります。だから、私たちの社会のいろいろな習慣や制度はデジタルな考え方で成り立っていることが多いのです。それはそれで、ちゃんと機能するからいいのです。

しかし、デジタルな考え方の問題点は、中間にある微妙な違いやニュアンスが切り捨てられてしまうことです。また、「善と悪」「敵と味方」みたいに物事が二分されて、かえって対立を生み出すこともある。実際には対立すべき存在でなくても、「男と女は利害が反する」などという考えが、デジタルな枠組みから生まれることがあります。

このように、私たちのものの見方には二つの傾向があるので、私は先の大会で何を言ったかというと、一方に偏重するのではなく、双方を生かした道を進もうということでした。宗教や芸術というものは、法律や社会制度とは違います。そして、我々の前にある世界はデジタルではなく、アナログです。だから、デジタルな考えによって失われた部分を補い、デジタルな制度で犠牲になったものを救い取ることが宗教の一つの役割であるということです。私たちはデジタルな社会に住んでいるけれども、アナログの見方を忘れないで、それを生かした生活をしましょうというような話でした。

## アナログ的、右脳的見方を尊重する

さて、これから第三段階の話に入ります。ここまでお話ししてきたことをまとめ上げねばなりません。私はまず、宗教的理想である四無量心は、脳科学の教える人間の本性と矛盾しないということをお話ししました。その次には、三年前の講話を振り返って、人間にはデジタルとアナログの両方の考え方が必要であるということを話しました。そしてこのあと、このことが地球温暖化の進行する現代、諸問題を解決する〝鍵〟になると申し上げたいのです。

これまでの話の文脈で申し上げると、四無量心を行じる対象としては、人間だけでなく、他の生物へももっと愛を与える必要があります。そのためには、人間と他の生物とをデジタルに切り分ける考え方は採用できません。アナログ的な我々のものの見方――これは主として右脳が担当している領域ですが――その右脳的ものの見方が、これからはもっと正面に出ていかなければいけないと思うのであります。それによって、人間が生物種として〝損〟をすると考えてはなりません。そういう考え方こそデジタルな見方で、人間と他の生物とは基本的に利害が反するという先入見が背後にあります。

事実はそうではないということを示すサンプルを、今日のテキストの中からご紹介しましょう。『小閑雑感 Part 15』をお持ちの方は、二四一頁を開けてください。ここに「牛は名前で呼ぼう」というタイトルの文章が出てきます。牛を飼っている農家の方は心当たりがあると思いますが、人間と牛は心が通じるという話です。もっと具体的に言うと、牛に名前をつけて育てた場合と、そうでない場合とでは乳の量が変わってくるということです。それを、きちんとした科学的研究が明らかにしているのです。

ロンドンに住む生長の家の信徒、ジョン・フラッドさん（John Flood）から興味ある情報が舞い込んだ。乳牛についての研究結果で、「牛は名前で呼ぶ方が、そうでない場合より乳の出が多い」のだそうだ。ニューキャッスル大学の農業食糧地域開発学部（School of Agriculture, Food and Rural Development）がイギリス各地の農業者五一六人を対象にして行った研究で、人間と動物との関係を研究する専門誌『アンスロズース』（*Anthrozoos*）誌に発表された。

それによると、牛に名前をつけて呼んでいる農家（四六％）では、名前をつけていない五四％の農家よりも一頭当たりの牛乳の収量が相当多いという。この研究の中心となったキャサリン・ダグラス博士（Catherine Douglas）に言わせると、その増加量は「二五〇リットル」になり、平均的な大きさの牛では一日「二パイント」（一・一四リットル）の増量になるらしい。同博士は、「この研究によって、牛に優しくて面倒見のいい多くの農家の人たちが昔から信じていたことが、証明された」という。さらに同博士は、「この研究で分かったことは、牛という動物は、複雑な感情を体験できる知性をもった存在だと、イギリスの農業者は大体において考えているということ。また、個々の牛をよく理解し、それぞれに名前をつけて呼ぶだけで、牛乳の生産量を相当増やすことができるということです」と言っている。

（同書、二四一〜二四二頁）

つまり、自然界の生物の間にはこういうアナログ的な関係が実際にあるというわけです。牛と人間とはハッキリ分離していない。それなのに、デジタルな考えで両者をハッキリと分けて、牛は人間の食べ物であり、また、栄養素である乳を得るための道具であると考えると、人間にとってもよくないことが起こるのです。今、家畜の伝染病である口蹄疫《こうていえき》が宮崎県内で広がりつつありますが、そういう事態になると、人間と牛とをデジタルに切り分けた制度では、双方にとって残酷な結果が生じることになる。今の制度下では、商品にならない牛や豚に価値はないと考えられています。口蹄疫に感染した家畜は、発熱し、口の内部に腫《は》れものができて食欲が減退しますから、食事の量が減る。すると、肉としては質が落ち、生乳の量や質にも影響がでる。こうなれば、商品価値がもはやない。だから、感染した家畜と、感染の可能性がある家畜は全部殺処分する――そういう決まりになっています。

しかし、口蹄疫に感染しても、牛や豚は死なないのです。人間にも感染しない。にもかかわらず、「感染したり、感染の疑いのある家畜は例外なく殺す」というのが国の決まりであり、国際的な合意でもある。これは、家畜をモノ同然に見ている証拠です。そういう人間と動物とをハッキリ分けて、人間の利益のためには家畜を大量に殺しても構わないとするデジタルな考え方――仏教的に表現すれば、人間の理想である四無量心を無視した生活や産業政策は、改めないといけない時期に来ていると思います。この政策は、別の表現をすれば、都会生活のために田舎の生活を犠牲にするものです。私たちは、双方をきちんと両立させていくような、新しい文明の実現を目指していかなければなりません。

## 対称性と非対称性

もう一つ申し上げます。これはちょっと時間がないので詳しい説明はできませんが、アナログとデジタルの考え方に対応するものとして、「対称性」(symmetry) と「非対称性」(asymmetry) という言葉があるということです。私のブログを読んでいる方はご存じでしょう。

「対称性」というのは、「類似性」と似た概念です。例えば、私と皆さま方は対称的であります。なぜかと言えば、私も人間、皆さま方も人間だからです。これに対して「非対称」というのは、互いが〝別物〟だということ。例えば、私が悪魔であり、皆さま方が神の子であると考えれば、非対称の関係になる。牛と人間との関係では、牛も人間も同じ哺乳動物であり、脳が発達した感情のある動物だと考えるのが「対称性」の考え方です。これに対して、非対称的な考え方では、牛は人間のために生きている動物であるから、牛を殺して肉にするのは何ら問題がない。また、牛と人間との違うところを見て、それを強調するのが「非対称性」の考え方である。

私たちが毎日使っている言葉は、〝左脳〟の活動によって生み出されますから、言葉を使った判断は非対称を強調することが多いのです。つまり「人間」という言葉と「牛」という言葉は、実際に発音が違い、文字で書いた場合にも形が明らかに違うわけですから、言葉を使う左脳の活動では、物事や関係の「非対称性」が前面に出ることになる。

先ほど出した別の例で言えば、色のことでも言葉を使って考えれば、「緑と黄色は違う」ということになります。なぜなら、実際に「緑」という言葉の発音も文字も、「黄色」という言葉の発音や文字とは大いに異なるからです。しかし、実際の緑と黄色を絵に描いてみると、双方が混じり合った中間色がいっぱいあるわけです。別の言い方をすれば、緑と黄色には共通点が大変多い。にもかかわらず、私たちは毎日、言語を使ってものを考え、意思疎通をしている時間が長いから、〝現実〟は非対称的関係がほとんどを占めているように感じられる。別の表現をすれば、利害関係が対立する世界が見えてきやすいのです。

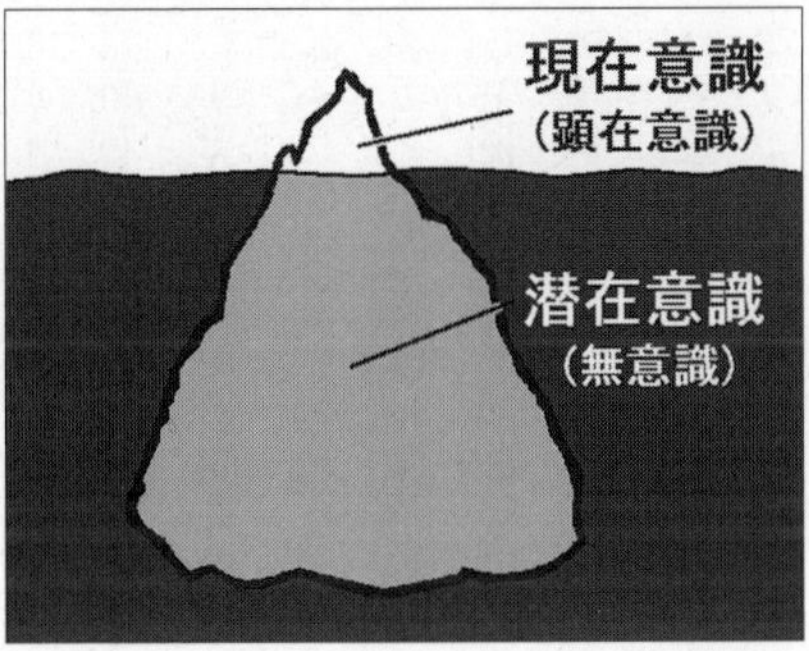

図 16

言葉を使って物事を考えるのは、心の中の「意識」の働きです。これに対して、私たちの心にはもう一つ別の領域がありますね。それは、「潜在意識」とか「無意識」と呼んでいるところです。

これは講習会でもよく使う図（図16）ですから、皆さんもお馴染《なじ》みでしょう。氷山が海に浮かんでいるのを横から見た図です。このうち、海面から上に見えている部分を「意識」とか「現在意識」と呼びます。これは、私たちが覚醒している時にいろいろ考えている心のことです。しかし、人間にはそれ以外にも広大な心の領域があって、それは眠っているときに活発に動いている。が、目覚めている時には、様子がよく分からない。これを「潜在意識」と呼んでいます。私たち生長の家では、この二つを合わせて「心」といっている。まあ、心理学でも大抵そう言っています。

私たちは目覚めた意識でこの世界を見、言葉を使って物事を考えています。だから、この〝現実〟のほとんどのものは「非対称的」で、物事はほとんど互いに「違う」のだと思っている。それが「現在意識」が扱っている世界の姿である。これは確かに〝現実〟の一面かもしれない。しかし全部ではない。なぜなら、私たちの心にはこれだけ広大な「潜在意識」の領域があって、そこでは、私たちは「対称性の原理」で世界を見ているからです。

このことを言ったのは、夢の分析家でもあるマテ＝ブランコ（Ignacio Matte-Blanco）という人です。この人の研究によると、我々人間は、現在意識では「違う」と捉えるものを、潜在意識では「同じもの」として認める傾向があるそうです。別の言い方をすれば、私たちは醒めた意識では「別物」と考えることを、眠った意識では「同じもの」として捉えている。マテ＝ブランコは、このような私たちの心の複雑なものの見方を「二重論理《バイロジック》（bilogic）」と呼びました。私たちの心がなぜ、そんな複雑な動きをするかというと、私は多分、その双方のものの捉え方が本当であり、人間は双方を必要としているからだと思います。

例をご覧に入れましょう。人間とクマは違います。なぜなら、まず呼び名が違うからです。また、生物学的にも別種の動物です。これは現在意識の考え方です。しかし、人間には潜在意識があり、そこでは人間とクマとを全く別物として扱うことに満足しないのです。そこで、我々の潜在意識はある種の〝小細工〟をして、こんなもの（図17）を作

図17

らせたりするのです。これは、テディベアです。皆さん、人間はなぜこんなものを作るのでしょう？　テディベアの中には、何万円もする高価なものがあります。そんな値段を払ってでも、本物のクマとは異なるニセモノを、人間はなぜ求めるのでしょうか？

因みに、このクマの縫いぐるみは、妻が大久保恭子・前白鳩会会長からもらったもので、私がそれをスケッチしました。小さい子がこれをもらったら、きっとダッコして一緒に寝るでしょう。しかし、人間とクマは違うのに、小さい子はなぜ一緒に眠るのでしょう。ここには、人間の潜在意識の秘密が隠されています。

人間はなぜ、動物の縫いぐるみを求めるのでしょう？　先ほどの話から、その答えは出るはずです。つまり、我々人間は、自分と異なるものを、意識の世界では「異なる」と認めながらも、心の深部の潜在意識の中では、自分と離れた非対称のもの、異質なものとして捉えることに満足できないのです。だから、童話や絵本の世界でも、クマだけでなく、ウサギやカメやキツネなどの動物に加えて、家や機関車や菓子パンのような無機物に対しても「擬人化」を行い、「みんな自分の仲間だ」というメッセージを噛みしめるのではないでしょうか？

「それは、しかし子供の世界のことだ」と、皆さんは言いますか？　私はそうは思いません。大人が作り、大人が買うものの中にも、それに似た多くの例を見つけることができます。例えば、これ（図18）何ですか？　ハローウィンの季節に売られていたカボチャのケーキです。人間はどうしてこんなものを作るのですか？　カボチャになぜ顔を描くのでしょう？　また、カボチャのケーキではなく、カボチャそのものをくり抜いて顔にしたジャック・オー・ランタンというのも有名です。これはもともとアメリカの秋の収穫祭から来たものでしたが、最近は日本でも大変な人気です。しかし、なぜカボチャで顔を作るのでしょう。普通の論理ではカボチャは食品ですから、そのまま食べたらいい。しかし、顔を作った方

図18

が我々は何となく満足する。つまり、自分とは〝別物〟と考えずに〝仲間〟だと感じるからです。これは通常の論理ではなく、心の深いところにある隠された要求なのです。

## 〝論理〟に偏重した現代生活

このように考えてくると、我々の内なる四無量心の対象にすべきものは、「人間」だけではまったく足りないということに気がつくと思うのです。

私たちは本来、皆、自然界の諸々《もろもろ》のものに対しても〝愛〟――自他一体の想い――を感じているのです。ただ、それは多くの場合、無意識の世界においてです。意識の世界である論理のテーブルに乗せると――つまり、政策や方針の決定のための会議などの場では、「そんな他の生物や地球のことよりも、自分の生活の方が大事だ」などと言って、潜在意識の声なき声を切り捨ててしまう。私たちが自然破壊をしていくことは、潜在意識の奥深いところにある自分の本来の願いを破壊し、犠牲にしているのです。

「肉食をする」ということも、その本質は自然破壊と同じです。私たちの潜在意識の本当の願いは、動物を殺して食べたくないはずです。その証拠に、私たちは動物を殺している現場を見たくない。違いますか？　そういう場所の残虐性は、一般の人々の目から意識的に隠されています。そうでしょう？　私たちは、動物の体からソーセージやハムなどを作ります。どうしてですか？　それは形が元の動物とまったく異なるからではないでしょうか？　どんな動物のどんな部分を食べているのか、消費者には分からないように作ってある。だから売れるのでしょう。それが分かることは、今食べているものが、自分の家で飼っているペットとよく似ているという事実が、否応《いやおう》なく突きつけられる。

だから、分からないようにして食べたい（笑い）。そう思いませんか？　特に、子供にとってはそれが重要です。子供が好むミートボールやソーセージやハムは、丸っこくてかわいらしい形にわざわざ加工してある。だから子供たちは、その中身がブタやウシやニワトリの体の一部であることを全く意識しないで食べられるし、その事実

| | 自然 | 都会 |
|---|---|---|
| 脳の機能 | ミラーニューロン<br>右脳 | 左脳 |
| ものの見方 | アナログ | デジタル |
| 注目点 | 対称性 | 非対称性 |
| 心の領域 | 潜在意識 | 現在意識 |

図19

を知らない子供も多い。逆にそれを知らされると、驚いて食べるのをやめる子供もいるでしょう。なぜでしょう？　感情移入して「かわいそうだ」と思うからです。それが私たちの〝本性〟ではないでしょうか。

私たちは、産業革命以降どんどん技術社会を発達させてきました。次の表（図19）を見てください。この表の中で、「都会」に属する右側の諸要素を発展させてきたのです。つまり、脳の機能においては「左脳」を発達させ、ものの見方では「デジタル」な見方にウエイトを置き、物事の「非対称性」に注目し、心の領域では「現在意識」による問題解決を信じてきたのではないでしょうか。その結果、都市化が進行し、数多くの大都会が出現しています。しかし今、この大都会には問題が山積しているのです。貧困や犯罪、差別などの社会問題だけでなく、交通渋滞、大気汚染、廃棄物処理などの環境問題も生じています。私は、その原因の一端には、人間の本性についての誤解があるのではないかと考えます。人間には、自然との密接な関係が必要です。それによって、この表の左側に書いた諸要素が発達するのです。これらは、人間に本来あるものですが、自然との接触を通じて意識化され、人格や社会制度に取り込まれるものだと思います。これらの諸要素は、伝統的には宗教や芸術が扱ってきたものです。が、近代以降の科学的思想の発達により、宗教の権威は落ちてきているため、重要視されなくなっているのではないでしょうか。

私はこの表の「自然」と「都会」の属性として掲げられた諸要素の双方が必要だと思います。私たちの脳には「右脳」と「左脳」があるように、両者のバランスのよい発達が人間の成長には必要です。物事に対処するときには、対称性と非対称性の双方に注目することが正確な理解には必要です。また、人生を正しく歩むためには、現在意識を使った理性の活動と同時に、潜在意識に隠された感情の問題を疎《おろそ》かにしてはいけないのです。

　自然界というものは、そこに存在するすべてのものが互いにつながっています。このことは生態学が発達してきたことで、いよいよ明らかになりつつあります。山に降る雨は、やがて海の水につながっていきます。山と海の間には川や泉が流れていて、川は山の栄養分を得て多くの生物を養いつつ、海に流れれば海中生物にも恵みを与えます。それは「川」という単独の存在が行う仕事ではなく、水の流れが、陸上や水棲《すいせい》の生物や鉱物を海に運ぶ過程で、そこに居合わせるすべての生物や鉱物の総合作用の結果なのです。このように、自然界ではすべてが相互につながり、支え合っている。「自」と「他」との境界は、「自然」という全体の中には存在しない。ですから、脳の機能でいうと、相手の感情をたちどころに自分の中に再現するミラーニューロンは、この自然の本質をよりよく表わしている。また、私たちの右脳は、見たまま、感じたままのものを素直に受け止めるという点で、自他の障壁が低い、より自然に近い機能です。ところが、そこからの情報を自分の視点で分類し、バラバラにして組織し直すのが左脳である。左脳の視点からは、物事には境界があり、自分と他者との間には障壁がある。だから都会生活を送る人々は、アパートやマンションのコンクリートの壁で自他を分け、境界を設け、皆、別々の目的をもって孤立した生活をする。そこでは、言葉による論理を優先した左脳的生き方が主流となるのです。

人間のものの見方を考えてみても、自然界は都会よりはるかにアナログ的です。つまり、物事はすべてが連続して継起します。都会での労働は「昼」と「夜」の二段階でしか行われていなくても、自然界では、「朝」「昼」「夕」「夜」と、それらの中間にある多様な時間のグラデーションの中で、物事は継起していきます。そして、そういう多様性の中に人間は「美」を発見する。しかし、都会にはそんな多様性はない。デジタルな「昼の時間」「夜の時間」の中で、大抵の物事は行われていく。

心の注目点でも、自然界と都会は違ってきます。自然界に近い田舎の生活においては、人と人との「対称性」が注目される。つまり、あなたと私の共通点を見出そうとする動きが主体になってくる。しかし都会では、逆に「非対称性」――相違点を強調することで、自己のアッピールが行われる。例えば、自分の能力が他人よりどれだけ勝っているかとか、自分の会社が他社とどう違い、どう優れているかなど、相違点が重要視されるのです。

心の領域では、自然界においては「潜在意識」をより多く反映した生き方ができるのに比べて、都会生活は論理主体ですから、「現在意識」優先の生き方が求められるでしょう。人間にはどちらが必要だと思いますか？　私は、両方が必要だと思います。論理やデジタルな考え方は、法律や社会制度、政治過程においては不可欠です。しかし、それしかないのでは人間は満足できないでしょう。なぜなら、そもそも人間は広大な潜在意識によって支えられているからです。宗教や芸術などの文化活動や娯楽は、潜在意識からの要求にもとづくことが多い。二十世紀までの人類社会は、現在意識優先で進み、都会を発達させてきたけれども、これからの二十一世紀は、人類は潜在意識からの要求にもっと応えるために、自然への回帰を目指す動きが生じると思われます。いや、その動きはすでに始まっているのではないでしょうか。

「ゆるキャラ」というのがありますね？　理屈では何だかよくわからない、柔らかい感じのキャラクターのことだそうですが、これは論理的説明を拒否していて、きわめて感覚的ですから、どちらかというと都会的ではなく、自然に近づく動きではないでしょうか。それから、キャラクターと言えば、プロ野球の球団やサッカーチームのマスコットのことを思い出すと、それらは皆、都会が生み出したものですが、鳥や動物のデザインを多用していますから、自然に近づいてきています。

このように、この表の左右どちらかの方向に社会が進み過ぎると、人間の中には反対方向への揺れ戻しの動きが生じるのではないでしょうか。我々生長の家がこの時期に〝森の中〟に入るということも、この動きと軌を一にしていると言えます。しかし、繰り返しになりますが、人間には右脳と左脳があるように、どちらか一方が必要なのではなく、双方がバランスすることが重要です。だから、私たちはこれから〝森の中〟にこもって、都会には出ないと言っているのではありません。都会においても運動はどんどん続けます。皆さま方にも、地方の教化部はすべて〝森の中〟に造れと言っているわけではありません。都会でもちゃんと業務をするけれども、都会の論理偏重はやめようというのです。都会側に偏重した生き方が続いていくと、人間は他者を〝別物〟として見、ひどい場合は〝敵〟として見ることもある。そして、資源の奪い合いとか、領土の取り合いをする可能性もあり、自然も破壊してしまう。そういう都会側に偏重してきた生き方を修正し、自然の側に引きもどしてバランスを取るために、我々自身で何かをしなければいけないと思うのであります。

地球温暖化と資源問題が深刻化する中で、人類は今、重要な岐路に立っています。その時に、我々は仏教が説いてきた「四無量心」の理想に立ち返り、さらにそれを行じる対象を人間以外の生物や環境にも拡大して、これまでの人類の偏向を修正しなければなりません。そのような運動の拡大は、仏教の信仰者だけによるべきではありません。キリスト教の聖書にも、イエスの教えとして四無量心と同じ慈悲の心が説かれています。

例えば、『ルカによる福音書』第一〇章二七節には「自分を愛するように、あなたの隣り人を愛せよ」とあります。また、『マタイによる福音書』第二五章四〇節には「わたしの兄弟であるこれらの最も小さい者のひとりにしたのは、すなわち、わたしにしたのである」と説かれています。これらの聖句は、自他一体の自覚にもとづく愛の行為の尊さを説いています。聖書の文脈では、この愛の対象は人間ですが、それを他の生物や環境にも拡大していくことが、地球温暖化が進む二十一世紀の人類の使命であると言わねばなりません。

それはなぜでしょうか？　なぜなら、私たちの〝隣人〟であり〝最も小さい兄弟〟である次世代、次々世代の人類を「自分を愛するように愛する」ためには、これ以上の地球温暖化と自然破壊を続けることは許されないからです。海面上昇で国土が失われ、環境難民が世界に溢れる時代を持ち来すことは許されません。つまり、地球生命と後世の人類の利害は一致しているのです。本当は、現在においても人類と他の生物は〝一体〟の存在として利害が一致している。そのことは先ほど申し上げた通りです。にもかかわらず、多くの人々が「自然を愛する」という意味を誤解し、また愛する方法を誤り、結果として自然破壊に加担している。ですから、人間の生命は永遠であり、実相においてはすべてが神において一体であるという真理を知った皆さま方には、ぜひ本当の意味で「自然を愛する」生き方を自ら実践され、さらに真理宣布にご協力いただきたいのであります。

時間がまいりましたので、これで私の話を終わらせていただきます。ご清聴ありがとうございました。（拍手）

## 2 〝めんどくさい〟が世界を救う

（この講演録は、二〇一一年五月一日〜三日に開催された平成二十三年度の生長の家白鳩会、及び相愛会・栄える会合同の全国幹部研鑽会、青年会全国大会での三回の講話を一本にまとめたものです。）

皆さん、ありがとうございます。（拍手）

今回は、全国のいくつもの会場でこの会が同時に行われているということで、皆さんには大勢お集まりいただきまして誠にありがとうございます。（拍手）

特に、今回は東日本大震災の後、いろいろ大変な状況にあるお仕事も多い中で、大勢おいでくださいまして、さらに東北地方の方々は、大きな困難の中をこの会場に来られている方、あるいは教化部で聞いてくださっている方が大勢いらっしゃることを、心から感謝申し上げ、またお見舞い申し上げます。ありがとうございます。（拍手）

今日の講話は、東日本大震災のことを抜きにしては語れない。それに関連しながら、二年後に生長の家の国際本部が都会から〝森の中〟へ行くことと密接につながった話をしたいと思います。一時間ありますので、ゆっくりとリラックスして聞いてください。ただし、あまりゆっくりすると眠気が催してきますから、そんな時には顔の皮でもつねって目を覚ましてください。（笑い）

今日は、実は昨年の続きを話そうと思ってきたんです。昨年来られた方も大勢いらっしゃると思いますが、私が何を話したか、どのくらいの方が覚えていらっしゃるでしょうか？　多分半分以上の方は忘れているでしょうし、覚えている方も全部覚えているわけではないと思うので、前の話をざっと復習しながら話を進めていきたいと思います。

## 感情を共有するミラーニューロン

今日のテキストである『小閑雑感 Part 18』（生長の家刊）は、ちょうど一年前の私のブログの記録です。だからありがたいことに、私が去年の全国幹部研鑽会で話したことが、ちゃんと書いてあります。お持ちの方は、二五六頁を開けてください。そこには、去年五月四日に書いた文章があって、標題は「幹部研鑽会と全国大会終わる」です。その文章の導入部分は飛ばしまして、二五八頁まで行きます。その六行目から読みます。

私は、今回の講話の中で「ミラーニューロン」のことに触れた。これは、私たちの脳に存在する一群の細胞で、目の前にいる〝相手〟の感情をシミュレートするという特殊な役割をもっている。つまり、相手の感情を〝鏡〟(ミラー)のように映す機能をもっている。人間と高等の霊長類にしかないと考えられており、言語の発生とも関係が深い可能性がある。研究者のマルコ・イヤコボーニ博士の言葉を借りれば、この細胞群は「自分でサッカーボールを蹴ったときも、ボールが蹴られるのを見たときにも、ボールが蹴られる音を聞いたときにも、果ては〝蹴る〟という単語を発したり聞いたりしただけでも、すべて同じように発火する」のである。

自分で何かアクションを起こすと、その時に脳のごく一部に微弱な電流が走ります。これを専門用語では「発火する」と言います。ここでは、サッカーボールを蹴る例を使っていますが、これを自分でやった時も、テレビのサッカーの試合を見ていて、選手の誰かがボールを蹴った時にも、同じところの脳細胞が発火するというのです。それだけでなく、ボールが蹴られる音を聞いたときにも、同じ反応が脳の中で起こる。

人間の脳には、そういう他人の体験を自分の体験と同じように感じる一団のニューロン（神経細胞）があるというのです。他人がしていることを、自分がしているがごとくに感じる……それが「ボールを蹴る」という体の運動にとどまらず、「蹴る」という言葉を聞いたり、ボールが蹴られたときの「音」を聞いただけでも、同じところのニューロンが発火するということです。要するに、自分を相手の立場に置いていろんなことを感じることができる……こういう非常に複雑な機能が脳の一部にあるのが、人間の特徴である。それがあるおかげで、私たち人間は、普通の動物がやらないような、例えば文学に没頭したり、映画を鑑賞したり、音楽を聴いたり、演劇を見て感動したりする。これらは皆、自分が、自分以外の何かになり代わることで成立する。そういう人間の人間たるべきところの大切な機能を、ミラーニューロンが司《つかさど》っていることが最近、発見されたのです。続いて、こう書いてあります――

この細胞群があるために、私たちは他人の気持を推し量ったり、小説や映画の主人公に感情移入することができるとされている。

私は、この特殊な神経細胞群の存在は、人間が「自他一体」の実感を得る能力があることを示す有力な証拠だと考える。（同書、二五八頁）

つまり、大げさに表現すれば、この細胞群こそ私たち人間の文化的活動の〝源泉〟だということです。

宗教的に言っても、このことは重要です。私たちは他人の立場に立ってものを感じることができる。宗教の世界では、そうすることが〝神の御心〟であり、〝仏性の表れ〟だと教えられています。あの人は家を失ってかわいそうだ。救ってあげたい。助けになってあげたい……大震災に遭《あ》った人を見ていると自然に涙が出てくる……こういう非常に〝人間的〟な感情が起こってくるのも、我々の脳の一部に特徴がある——脳科学の分野でそれが分かってきたというわけです。

この細胞群が人間において最も発達しているという事実は、人間の本質が、他の動物のように「欲望を満たす」ことにあるのではなく、他者と「喜びを共有する」ことにある、と語っているような気がする。だから、この方面での心理学や神経科学の発達は、宗教に関わる者として興味がつきない。（同書、二五八～二五九頁）

こういう文章を一年前に書きました。

## 「自然」と「都会」の違い

昨年の講話では、最後の締めくくりにこの表（次頁図1）をご覧に入れました。こ

| | 自然 | 都会 |
|---|---|---|
| 脳の機能 | ミラーニューロン 右脳 | 左脳 |
| ものの見方 | アナログ | デジタル |
| 注目点 | 対称性 | 非対称性 |
| 心の領域 | 潜在意識 | 現在意識 |

図1

れは、私たちの住む環境によって、人間の心の傾向——別の表現でいうと〝脳の使い方〟が多少変わるということです。「自然」と「都会」とに分けて対比していますが、生長の家の国際本部が東京から八ヶ岳山麓へ行くということとも、密接に関連しています。

皆さんは、「技能や芸術的感覚を生かした誌友会」などを開いているのでご存じと思いますが、一般に脳の機能には〝右〟と〝左〟で違いがある。自然が豊かな環境にいる時には、この「右脳」の部分や、先ほど申し上げたミラーニューロンがよく使われる。花々に感動したり、鳥の声や風の音に敏感になったり、何でしょうか、おいしい食事に感動するのも右脳かもしれません（笑い）。それに対して「左脳」というのは、論理的にものを考えるとき、効率よく物事を仕上げるときなどに威力を発揮する。

この二つを「自然」と「都会」とに対応させれば、人間は自然環境の中では右脳を活性化させ、都会では左脳主体で生きていると言える。これは厳密に二つに分かれるという意味ではなく、どちらが主体的かということです。だから、都会の人間が自然的な生き方をすることもできるし、自然豊かな土地でも論理や効率優先の生き方はできるでしょう。しかし、どちらかというと、人間は自然界では右脳を活性化して生きている。つまり、直感や五感から得る情報を優先してものを考えている。それに比べて都会は、あらゆるものが言葉や論理から組み上げられている。法律や行政組織、交通機関、政治なども皆、ものを切り分けて分類し、それを再び組み上げることで「自然」の状態とは少し違うものを造り上げています。

これらの脳の機能は当然、私たちの「ものの見方」に影響します。自然に囲まれて生きている時にはアナログのものの見方をしやすいし、都会ではデジタルな考え方になりやすい。

「アナログ」というのは、昨年もこの図（図2）で説明しましたが、例えば、絵の具を使って青と黄色を混ぜ合わせると、緑になります。ところがその場合、青と黄色の「境目」というのは判然としない。よく分からないのが本当です。青がどこから緑になって、緑がどこから黄色になっていくのかははっきりと分からない。このように、物事を連続して、一つのつながりとして捉《とら》える見方が、アナログ的思考である。

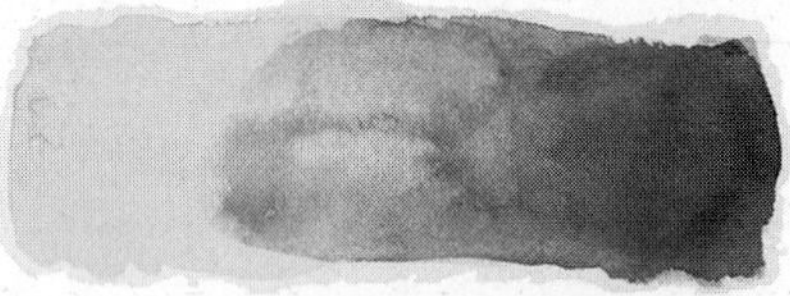

図2

図3

それに対して、デジタルな考え方（図3）というのがあります。青と黄色と混ぜ合わせたら確かに緑になるけれども、その途中のどこかに区切りをつけないと言葉で表現しにくいから、ハッキリと線を引いてしまおうと考えるのです。青は「青」として、緑は「緑」として、黄色は「黄色」として別々に扱う方が分かりやすいし、効率的である。そう考えて、途中の混色したグラデーションを無視し、三色は無関係だと考える。その方が物事は整理しやすいし、社会制度もつくりやすい。プログラムもその方が組みやすいので、コンピューターに載る制度は基本的にデジタルです。卑近な例で言えば、私たちが駅に行くと、トイレは男性と女性とに分かれている。それは社会的には、どっちかにしてくれないと困るからです（笑い）。しかし田舎や自宅では、そんなに厳密に分かれていない所もあるのではないでしょうか。

しかし、自然界はアナログな関係で満ちています。だから、自然界に近いところで生きている人々は、アナログなものの見方に親しんでいる。例えば、〝一日〟を考えてみましょう。太陽が昇って沈むまでには何時間もあります。この時間は、途切れずに継続している。つまり、太陽はだんだんと昇り、それにつれて自然界はしだいに明るくなる。午後になると、太陽の動きとともに明るさはだんだん弱くなる。このように、自然界の変化には境目はなく継続している。農林業や漁業などをしている人は、その継続的変化に対応して仕事をする。ところが都会の中では、人々は人工的な照明の中で「昼」の部と「夜」の部に分かれて働いている。これが基本です。職種や賃金体系なども、こういうデジタルな考えにもとづいています。

しかし、自然界では、夜と昼の間には「朝」という時間があり、昼と夜の間には「夕方」という時間がある。けれども、それを職種や賃金に反映させようとすると煩雑で非効率的である。だから、どっちかにしてくれというので、何時を境にしてパッと「昼」と「夜」に分けるのです。そして、昼と夜で時給を変える。そうした方が都会生活はやりやすい。このようにして、自然界はアナログにできているけれども、私たちは効率よく物事を仕上げ、大勢の人間に分かりやすい制度を提供し、運営するために、都会においてはデジタルな社会を作り上げているわけです。

それから、私たちが生活している時の「注目点」(図1)にも、自然界に近い場合と都会での生活とでは、違いがあるでしょう。自然界で生活する時には、主として「対称性」を感じる。対称性というのは、〝似たもの同士〟ということです。類似点を見る生き方をする。それに対して、「非対称性」というのは違うところを見て、その側面を強調して生きる場合です。

例えば、自然に近いところにある田舎の家屋を思い出してください。そこには土間のような広い空間があって、各部屋は基本的に障子や襖《ふすま》などの〝仮の仕切り〟で分かれている。つまり、音はほとんど筒抜けだし、開けたらすぐに隣の部屋に行けるし、仕切りを取り払うこともできる。土間などには、家族の構成員も客人もみな集まって、そこで一緒に食事をしたりする。これは「同じ家族の構成員である」という対称性の認識にもとづいていると言えます。皆同じ所に集まり、共同生活をする。この考え方は、家を超えた村や自治体の運営の仕方とも関係している。

それに対して都会というのは、アパートにせよマンションにせよ、基本的には各戸がバラバラです。自分の家と隣の家とはハッキリと分けてあるのが当たり前で、できたらコンクリートなどで頑丈に仕切り、音も聞こえない方がいい。これはデジタルな考えの反映であると同時に、非対称性――つまり「あなたと私は違いますよ」「ここから先は私の領域で、あなたは向こう側です」という考え方が多い。確かに「共同住宅」であるけれども、協力関係が成り立つのが難しい。それは、住人が各自の〝非対称性〟――つまり、個々の家庭の事情の違いに注目し、それを尊重するからです。そんな考え方が、都会では支配的です。

それから、自然と都会とで使われる「心の領域」(図1)について考えてみましょう。

自然との触れ合いの中では、一般に人間は潜在意識が多く活性化されると思われます。それはなぜかといえば、人間の潜在意識の多くの部分は、もともと自然との接触によって形成されてきたからです。岸辺に打ち寄せる波の音を聞いて心が安らぐのは、理屈を超えています。つまり、潜在意識のレベルで人間はそうなっている。高原で澄み切った空を眺めれば、心が晴れ晴れします。これも理屈を超えた潜在意識の働きと思われます。それに対して都会は、そういう自然界との触れ合いを犠牲にしてでも、人間の都合や論理によって、効率性を優先して作られた物事で満ちています。交通量が増えれば道路を拡張し、それでもさらに増えれば高架橋や立体交差を造り、さらに増えれば地下鉄を建設します。こうして地下水は汲み上げられ、空は見えなくなる。

このように「自然」と「都会」とを対比させると、都会は人間にとってまったく〝不自然〟のように聞こえますが、どちらも〝自然〟なのです。変な言い方ですが、都会も人間にとっては自然である。それは、人間に右脳と左脳があるのが自然であるのと同じです。右脳の働きである直感的、感覚的なものの捉え方だけをして、論理的にものを考えなくなったら、やはり私たちの生活にはマズイことがいっぱい起こると思います。また、その逆に、理詰めの生活だけでは私たちは満足できなくなる。まあ一般には、男の人はどちらかというと、こちら（図1右側）が発達していて、女の人はこちら（同左側）が発達していると言われますが、しかし、それは一般論であり、例外はもちろんある。女の人で理屈っぽい人もいれば、男の人ですぐに感情が激昂する人もいる（笑い）、理性がうまく働かない人もいるようです。

そういうわけで、人間は都会にも住めるし、自然にも住めるようにできている。どちらもそれなりに〝自然〟である。ですから、午前中に、私の妻が、「どちらか捨てる覚悟で森へ行かなければいけない」と言ったけれども、それは「覚悟」としてはそれでいいと思います（笑い）。でも、こちら（図1右側）の左脳的な考え方を全く放棄するわけにはいかない。しかし、都会の左脳的生活にどっぷり浸かっているときに、右脳的に生きようとしたならば、いったんは左脳的生活を捨てる覚悟は必要かもしれませんね。だいたい住民票は、〝都会〟から抜いて、〝森〟へ移さないといけないんですから。（笑い）

## 技術が意識の変革を起こす

昨年はそういうことを説明して、私たち人間は本来、この〝自然的〟なものと〝都会的〟なものの双方を活かして生きるものだと言いました。そうであるけれども、これまでの生活――近代化の過程や戦後の経済発展の中では、こちら側（図1右側）の効率性や論理性ばかりを重視し、優先して進んできた。今はその弊害が出ているという話を昨年したわけですね。

このことは、私たち個人の生活について言えるだけでなく、個人が集まった社会や、国家、さらには国際関係の問題とも密接に関係していると思います。それが、これから先の話になるわけです。左右のバランスがとれた生活を、個人のレベルからさらに拡大して、社会や国家のレベルへ広げていく必要があるのです。

今回の震災においても、このことが期せずして「都会」と「地方」のアンバランスの問題として浮き彫りになりました。首都圏を支えていた東北地方を今後、社会全体としてどう復興していくかが問いかけられているのです。これまでのような〝都会優先〟でいいのか、ということです。皆さんも、都会生活をしている人は、時々は自然の中へ行って、人間として必要なこちら側（図1左側）を活性化させ、満足させて帰ってきて、また都会の効率優先の生き方にもどる、というパターンの生活をやってきたと思います。しかし、地球環境問題などのより広い問題を考えると、そういうパターンを永遠に繰り返しているわけにはいかない。

なぜなら、このパターンでは、こちら側（図1右側）ばかりに人が集中しているわけですね。それにともなって〝人口爆発〟の問題が起こっている。仕事や〝夢〟を求めて、都会に人々が集中していて、そこにスラムができる、犯罪が増える。そして、エネルギーが大量に消費される。だから、二酸化炭素がどんどん出る。そういう好ましくないパターンが、全世界で起こっている。日本や先進国だけではなく、今は中国でも、インドネシアでも、アフリカでも、ブラジルでも起こっている。それによって、この〝左脳的〟論理や効率優先の考え方が世界のスタンダードになっていくとすると、これはやはりマズイ問題がいろいろ出てくると思います。

繰り返しますが、これら二つの考え方は、人間には両方とも必要です。私は論理や効率を丸ごと否定しているのではありません。デジタルなものの見方や非対称性の認識が無意味だと言っているのではありません。一方が「過剰」なのが危険だと言っているのです。

例えば、国際関係を考えるのに、デジタルに物事を考えてアナログの要素を忘れていると、「中国人は日本人ではない」「韓国人は日本人でない」――そういう考えに向かっていく。「日本は東洋である」とか「日本は西側である」というのも単純すぎて、この観点が過剰になるのはやはりマズイ。それはなぜかと言えば、共通点を忘れているからです。また、共通の問題があることを忘れてしまう。今の地球社会は、各国が数多くの共通問題を協力して解決していかなければならない。にもかかわらず、デジタルなものの考え方だけで物事が判断される傾向がある。残念ながら、今の国際政治はこちら側（**図1右側**）に偏っている。各国が〝国益〟だけを主張し合う習慣から抜け出ることが難しい。国境を超えた世界は――そして、地球にはもともと国境なんかないのですが――人類皆共通だという考え方が、なかなかまだ未成熟である。だから、地球温暖化問題の解決もなかなかできないのです。

そういうわけで、地球社会の一員として、また日本全体として今後、どういう方向に進んでいくべきかを考えた場合、やはりこれら二つの視点の双方を忘れてはならない。そして、人類の長い歴史において今はどちらに重きを置くかという判断が必要になってくると思うのであります。

そこで、次のテーマに移っていきましょう。

## 「買い物」で世界は救えない

昨年、話題になった新聞記事をご覧に入れます。今日のテキストである『小閑雑感 Part 18』をお持ちの方は、二九二頁を開けてください。ちょうど去年の今ごろ――五月二十四日に私が書いたブログの記事ですが、「買い物では世界を救えない」という題をつけました。これは、この日の新聞の全面広告として、「買い物は、世界を救う」というのをJCBという会社が打った。それについての私の評論です。今、画面にも出しました。「買い物は、世界を救う」（次頁図４）です。それについて、私はこう書いています。

今日の新聞の一ページ全面を使って、貸金業者の「ジェーシービー（ＪＣＢ）」が広告を掲載していた。画面の下段に大きく二行に書き分けて「買い物は、世界を救う。」とあり、

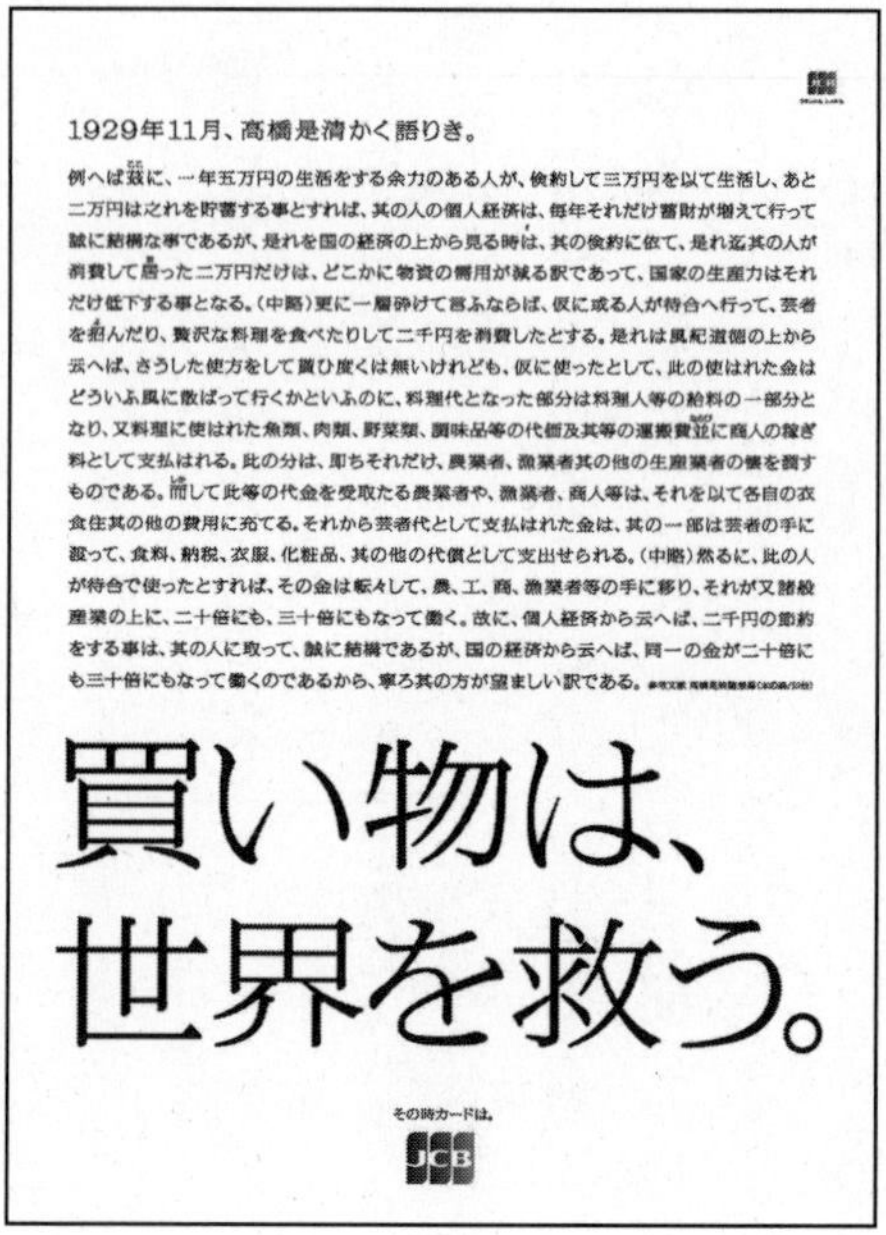


図４

上段には、高橋是清の随想録からの引用として、「貯金よりもお金を使うことが国の経済に貢献する」という意味の古典的議論がズラズラと展開されている。その文章は「一九二九年十一月」のものだ、とも書いてある。

この二十一世紀の現代の問題を扱うのに、前世紀の人の論理が使われる、ということです。

それを見て、私はこの会社の見識を疑った。今どき、こんな理論が通用すると考えるほど、JCBは国民を軽く見ているのだろうか。高橋是清とは、一九一〇年代から三〇年代にかけて蔵相や首相を務めた政治家で、積極財政による景気刺激策を推進したが、軍事費抑制を試みたために、二・二六事件で殺害されてしまった。軍事予算だけを抑える方策を推進したので、軍部から睨《にら》まれたというわけです。

そういう人の意見を拝聴しなければ日本経済は立ち直れない――JCBは、そんな古い考え方をしているのか、と私は少し腹立たしくなった。

私はここでちょっと感情的になってますね。たかが広告に何を怒っているのかと思う方もいるかもしれませんが、私が不本意なのは、この広告が出たということよりも、これがその後、第五十九回日経広告賞の優秀賞や、第四十回フジサンケイグループ広告大賞のメディア部門で新聞優秀賞などをもらったことです。日本のこの業界では、これが素晴らしい広告だと評価された。つまり、この「消費は美徳」という考え方が未だに支持されているということです。

私の不満の理由が以下、縷々《るる》と書いてあります。

ＪＣＢが引用している高橋の文章を要約すれば、ある人の可処分所得が五万円の場合、三万円を使って二万円を貯金することは、個人にとってはよくても、社会にとってはメリットが少ない。それよりも、もう二千円を消費に回せば、それが社会に還流して二十倍、三十倍の生産力になる、という論理だ。この二千円の用途としては、芸者を招んだり、贅沢な料理を食べたりすることを暗に勧めているのだ。そうすれば、料理人の給料、食材の代金、その運搬費、商人の利益、農漁業者の収入増などにつながって、社会のためになるというわけだ。これを安政元年（一八五四年）生まれの高橋が言うのはいいが、二十一世紀初頭の地球温暖化と人口爆発の時代に、しかも世界的な金融危機を経験した後に、〃一流〃と目される日本の企業が新聞の全面広告で訴えるのは、ＰＲ上も誠にお粗末だと私は思う。

この広告は『日本経済新聞』にも載りましたから、皆さんの中で経営者の方々などは、ご覧になったと思います。それぞれどういう感想をもたれたか分かりませんが、私は「お粗末だ」と感じたのであります。次にもう少し、その理由が書いてあります。

「物を消費すればするほど経済が豊かになる」という古い理論は、経済学では「外部性（externalities）」と呼んでいる重要な要素を無視する点で、現実政策としては採用不可能である。外部性の一例としては、いわゆる「公害」が挙げられる。消費が増えることで工場生産が増加し、有害物質が河川や田畑に流出すれば、農漁業に悪影響を与え、住民の健康被害にも及ぶ。その場合は、医療費が増加したり、国の財政負担が増えるなどの経済へのマイナス効果となる。

ちなみに今、原発が事故になって、この通りのことが起こっています。しかし、我々が支払う電気代には、そういうコストが反映されていません。だから、電力の生産者と消費者との間の経済関係の「外部」にあるコストということです。

そんなことは経済学の教科書に書いてあることだ。大企業がそれを知らないはずはないから、この会社は「国民には分かるまい」と思っているのだろう。特に今日では、ほとんどあらゆる経済活動に付随して「温室効果ガスの排出」という外部不経済が関与していることを、企業は熟知しているはずである。だからわざわざ「地球にやさしい」などという表現を使って、自社の製品やサービスが温室効果ガスの排出を抑制している点を訴えるのである。

単なる「買い物」では世界は救えないのである。無原則の買い物が、かえって世界を苦しめているのである。だから、倫理的に生きるつもりならば、どのような製品やサービスを買うかを、消費者はしっかりと吟味する努力が必要だ。そのための雑誌や書籍も数多く出版されている。かつて、有名なスポーツ用品メーカーが売っている靴が、途上国の若年労働者を〝搾取〟して作られていたことが問題になった。今でも、多くの途上国では、自国民が消費できない高価な農産物が、多国籍企業によって海外向けに生産されている。　（同書、二九二〜二九五頁）

これはバナナやパイナップルのことですね。そういうふうに、皆さんはよくご存じと思いますが、今日では「経済発展をするためには消費をすればいい」という単純な理論は破綻《はたん》しているのだけれども、なぜか時々まだ顔を出します。今の経済不況から脱出するためにも、「とにかく消費を進めればいいんだ」と真面目な顔でおっしゃる方がいる。

それは、高橋是清さんが二十世紀の初めに言うのはまだいい。しかし、それ以降に世界大戦が起こり、戦後は公害問題や人口爆発が起きて、無制限の消費は人間の幸福に結びつかないことが分かってきた。日本国内だけを見ていては分からないかもしれないが、世界に目を向ければ、地球には〝無限の資源〟や〝無限のゴミ捨て場〟など存在しないことは明らかです。先ほどの理論は、この二つを前提にすれば通用するかもしれない。しかし、我々がよく知っているのは、地球には無限の資源はもうないということです。

今、石油の値段が上がっています。その背景にはいろんな事情があるけれども、その一つは、安いコストで原油を採ることはもうできなくなってきたのです。この〝安い石油〟の生産はピークに達したということを、国際エネルギー機関（IEA:International Energy Agency）なども言い出しています。ですから、まだ石炭は手に入るけれども、石油は手に入りにくくなってきた。それにご存じの通り今、中東や北アフリカでは民主革命が起こっていて、原油の輸出が止まっている。明日何が起こるか分からなくなってきているからです。石油が上がれば灯油もガソリンも上がる。それに伴ってエネルギー全体の費用も上がっていて、しかも日本の原発事故がある。ということで、もう地球には無限の資源がないということは明らかです。だから、「消費さえすればいい」という考えは間違っている。

また、「消費」の裏側には「廃棄」があります。この「物を捨てる」ということについても、捨てる場所がなくなってきている。大体、地球温暖化が起こっているのは、我々が大気中に二酸化炭素を〝捨てて〟いるからです。それによっていろいろな問題が起こって、今、アメリカ合衆国でも史上まれな数の竜巻が生まれていて、何百人もの人が死んでいるし、大きな損害を出しています。

また、旱魃《かんばつ》や洪水などの予期できないような気候変動が世界各地で起こっているので、農漁業が大きな打撃を被っている。このような経済に対するマイナスの効果は、明らかに「外部性」と呼ばれている現象です。だから、今までのような生産活動をそのままやり、あるいは消費をどんどんすれば日本や世界を救うことができると考えることは、幻想にしか過ぎない。そのことが、今回、大震災というこの不幸な現象が起こったことをきっかけに、いろいろ分かるようになってきたですね……。残念ながら、東北地方の人たちが大勢犠牲になって、また原発事故が起こってしまいましたが、「買い物が世界を救う」のではなくて、もっと別のものが世界を救うのです。いったい何が世界を救うかは、講話のもっと後でお話ししますので、今は隠しておきましょう。（笑い）

図5

図6

ところで、何が世界を救うかを言うためには、その前に人類の歴史を概観したいと思うのです。人類史の中で私たちが置かれている位置を、しっかり確認したいからです。

同じ『小閑雑感 Part 18』の一二五頁から、これに関連して去年少し紹介した本の説明が書いてあります（図5）。昨年の二月二十三日に私がブログに書いた文章です。

ここに紹介するのは、アメリカの文明批評家――そういう肩書きがあるようですが（笑い）――ジェレミー・リフキン（Jeremy Rifkin）という人です。この人からは、私はかつて生命倫理の問題でも学ばせてもらっていますが、こういう顔の人です（図6）。この人が、一昨年の暮れごろに『*The Empathic Civilization*』という本を出した。それから一年以上たっていますから、私はもう日本語訳が出ているかと思い、数日前にアマゾン・ドットコムで検索しましたが、まだ出ていないようですね。だから、これがもし日本語に翻訳されたら、幹部の人にはぜひ読んでいただきたい。文明史を非常に的確にとらえて、今後の人類の進むべき方向を示している、と私は考えるのであります。このリフキンさんの本の中身が簡単にまとめてあるのが、一二五頁の一番下の段落です。読みます。

リフキン氏は、人間の使う「技術」と「意識」との間には密接な関係があると見る。人類の歴史を振り返ると、「技術革命の後には意識革命が来る」のが常だと分析する。まず人類は、狩猟と漁労の時代から、水を使った農耕へ移行したとき、「文字」というコミュニケーション手段を開発した。

文字の発明というのは、リフキンさんにとっては新しい技術の誕生だというわけです。

これによって、まず、複雑なエネルギーの使い方が可能となった。

それまでは、言葉を形に固定する「文字」という手段がなかった。文字というものは、どんな用途に使うでしょうか？　例えば、ある土地に「井戸がある」のだったら、その場に「ここに井戸あり」と書いた立て札を立てればいいでしょう。しかし、文字がない時代には、それは絵で示すか、口に出して言葉で伝える。あるいは井戸があることを知っている人の記憶の中に留まるだけであって、多くの人に伝えることはむずかしい。「ここに危険な動物がいる」場合でも、文字があればそれを伝えることができるけれども、文字がない場合は、その情報は大勢には伝わらないし、記憶から消えたら無くなってしまう。

また、口で伝えることしかできないから、水の使い方も「一回の使用はコップ二杯までにしなさい」というような細かい指示を、大勢に伝えることは難しいでしょう。「コップ二杯」というのと「適当に」というのとでは、水の使い方が大分違ってきます。火の扱い方でも、薪《まき》や油をどう都合するとか、炭をどう焼くかなども含めて考えると、文字による情報伝達ができるのとできないのとでは、結果がおおいに違ってくる。だから、複雑にエネルギーをコントロールする使い方が文字によって可能になってきた、というわけです。

また、これまでの口伝《くでん》という方法では「神話的な意識」しか生まれなかったが、文字を使うことで論理的な思考が可能となり、「神学的な意識」が生まれた。

ここでは難しい表現を使っていますが、たぶんこういう意味だろうと思います。日本の神話には『古事記』と『日本書紀』があります。そうですね。何が書いてありますか？ いろんなことがたくさん書いてあります。どうして私たちはそれが分かりますか？ 今、文庫本で見ることができるから――つまり、文字があるからです。文字がなかったら、記憶している人の所へ行っていちいち聞かなければいけない。実際、『古事記』は、そのようにして人が暗誦していた物語を書き留めた、ということになっている。つまり、文字のない時代の伝承を文字に写したというのです。その内容は、どちらかというと論理的ではなく、同一パターンの物語が、登場人物を変えて何回も出てきたりします。これは、各国の神話に共通したものです。我々現代人でも、人の講演を聞いているよりも、それを筆録した本を読んだほうが論理的にものを考えられますよね。そういうふうにして、文字が開発されることによって、我々のものの考え方が詩的、神話的なものから、論理的思考へとだんだん変わっていく。つまり、技術と我々の意識との間には連関があるということを、この人はずっと歴史を辿《たど》りながら書いている。次へいきます。

さらに、文字を媒介としたこの過程で、他者への感情移入の幅が拡がった。口伝でも感情移入は可能だったが、それは家族や近親者間のごく狭い範囲にとどまっていた。が、文字の発明後は、それを読める人なら誰もが感情を共有することができるようになった。

例えば、ある家のおばあさんは、孫が寝るときにいつも、昔話を話して聞かせてくれる。それは孫たちにとって非常にありがたい。昔話の主人公に感情移入できます。しかし、感情移入できる人の範囲は、おばあさんから話を聞くことのできる人だけ――まぁ、多くてもせいぜい二～三人です。でも、その昔話が活字になって印刷され、本になったら、世界中で同じように感情移入することのできる子供たちは、一気に増えるわけです。すると、それは文明に影響を与えるというのがこの人の考えですね。次へ行きます。

十九世紀の産業革命は、印刷機の発明と、石炭と蒸気機関の利用によって、文字の利用を爆発的に拡大した。

これは、どういうことだか分かりますね。人間は中世の時代には、本は「書き写す」ことによって作っていました。これは大変手間がかかり、根気のいる仕事です。だから、「写本」は大量には作られず、しかも、正確な書写は難しいので、何種類もできることになる。ところが、グーテンベルクの印刷機が発明されると、いちいち書き写さなくても、同一内容のものを百部とか千部とか印刷してバラ撒《ま》くことができるようになった。加えて、石炭をエネルギーとし、蒸気機関を利用して、そういう本を遠方へ配布する手段もできたから、それによって感情移入の範囲がさらに広がり、文明に変化が起こるということです。

ここには具体的に書いてありませんが、私が今思いつくことで一番大きな変化は、聖書が印刷されたということです。ヨーロッパの国々で聖書が印刷されて、文字が分かれば誰でも読めるようになったので、ローマ教会とは違う解釈を生み出す余地が出てきた。それによって、神への信仰は聖書のみを介すべしという、プロテスタントの考え方が生まれて、宗教改革が起こるわけです。それはいずれ、アメリカの独立革命やフランス革命などにも通じている。そういう大きな変化も、実は「印刷技術」というテクノロジーによって、人間の意識に変革が起こったからだ——そういうとらえ方をこの人はしている。

神学的な意識は、「イデオロギー的意識」へと変わっていった。このような大きな変化は、二十世紀にも起こった。それは、〝第二の産業革命〟とも言えるエレクトロニクスの発明によってだ。ここから生まれたのが「心理学的意識」である。これらの過程は、エネルギーの利用技術とコミュニケーション技術が併行的に変化し、それにともなって人間の意識も変わって、感情共有の範囲が拡大していく過程だった、とリフキン氏は見る。

(同書、一二五〜一二六頁)

グーテンベルクから、一気にエレクトロニクスまで飛んでしまいましたが、今日私たちが目撃しているのは実にこのことです。エレクトロニクスの電子技術の発達によって、私たちの間には意識革命が起こっている。そう聞いて、何か思い当たりませんか？　最近起こっていることです。中東で何が起こっていますか？　エレクトロニクスがなければ起こり得ないことが今起こっていますね。四十年も五十年も続いた独裁政権がいくつも、インターネットと携帯電話の普及によって崩れ去っていこうとしている。そういう人間の意識の変革は、テクノロジーの変革によって起こるということを、この人は何年も前に分析している。その通りの事が起こっています。

## 四無量心が問題解決の鍵

我々日本人の経験でも、このことが言えます。例えば、二〇一〇年の一月にはハイチで大地震が起こりました。一月ですから正月が始まってすぐのことですが、我々はその時、毎日のようにニュースでハイチの人々の惨状が伝えられるのを見て、生長の家でも募金活動をしました。全世界で、そういう動きが起こりました。そうしたら大量の資金がいっぺんに集まるわけです。それはなぜですか？　人間は感情を共有するからです。ハイチの人々が家を失って悲惨な状況にあるということが、ハイビジョンの鮮明な大画面を通して、お茶の間で見える。そうしたら、我々は感情移入をするミラーニューロンを持っていますから、「ああ、あの人たちのために何かしてあげたい」という気持が起こる。それと似たようなことで、エジプトでは革命が起こった。政府の弾圧や独裁への不満がこれだけ大きいということが、映像を通して実感される。それに感情移入した人々が、さらに多く集まってきて国家が機能麻痺《まひ》してしまうのです。

今、それとは立場が違いますが、日本でも電子技術を介した変化が起こっています。東日本大震災の様子が、鮮明な映像として世界中に配信され、それを見た世界の人たちが動いている。支援の言葉や激励のための行事が各地でもたれ、様々な援助も来るし、フランスからは大統領まで飛んできました。それから、日本に対する自発的な支援活動が世界中で起こっている。ひと昔前には、こんなことは起こらなかった。ということは、我々人類の意識に大きな変化が起こっていると言えるのですね。そういう感情移入の文明が、今新しく技術革命によって成立しつつある——こう考えていただくと、これからの我々の進むべき方向も何となく見えてくるのであります。

技術革新が起こることで、それを利用する人間に意識革命が起こっていくということの関係が、歴史的に連続して現代まで続いている。しかし、リフキンさんは、その過程に問題があったというのです。一二六頁のおしまいから六行目から、ここは重要なので読みます。

ところが、この過程に問題があった。その問題とは、人類の文明が複雑化すると、より多くのエネルギーが使われて、より多くの人々が意識を共有したが、その代り、エントロピーが拡大することになった。

難しい言葉が出てきました——エントロピーです。これは熱力学上の概念ですが、我々の今の理解は、ここに簡単にまとめてある程度でいいと思います。

エントロピーとは熱力学上の概念で、簡単に言えば、再利用できないもの（$CO_2$や廃棄物など）である。そして、このエントロピーの拡大によって今、地球温暖化が生じているのだ。だから、今日の地球規模の問題を別の言葉で命題化すれば、「感情共有の範囲を拡大させ、かつエントロピーを縮小する方法は何か？」ということになる。

感情共有の範囲が拡大していくことは、仏教的に言えば「四無量心《しむりょうしん》が開発されてくる」ことですから、非常によいことだと私は思います。人類は皆仲間ですから、それはよいことである。しかし残念ながら、それに伴って廃棄物が出たり、二酸化炭素が出て、それが今、地球規模の大きな環境問題を引き起こしている。ですから、感情共有の範囲を拡大しながらエントロピーを縮小することができたならば、人類にとって大変な朗報であるわけです。人類の未来は明るいということになります。

今は明るいところもあるけれども、目下はやはりエネルギーを使いすぎて二酸化炭素が大量に出ている。また、放射線が大量に出ている。放射線もエントロピーの一つですね。それを再利用しても生産物にならない。使い物にならないゴミみたいなもので、あったら困るのです。だから、そういうものの排出ができるだけ少なくなって、しかも感情共有の範囲が広がっていくことを、二十一世紀以降の我々人類共通の目標にしなければなりません。それをどう実現するか？　続けて読みます。

リフキン氏の答えは、私が一二五頁の二段落目で書いたことだ。つまり、「分散配置された再生可能エネルギーの利用と感情共有文明の構築」である。この「感情共有文明」は、世界的なインターネットの普及がもたらす、と同氏は考えているようだ。インタビュー記事だけでは、リフキン氏の主張の細部はよく分からない。が、何となく生長の家が向かっている方向と共通点があるように思う。

（同書、一二六～一二七頁）

私は去年のここでの講話で、「四無量心」の考え方を導入すれば、リフキンさんが提示した問題は解決に向かうという話をしたんですね。なぜかというと、四無量心の教えとは、エンパシーを持てということだからです。これも復習になりますが、四無量心とは慈悲喜捨の心です。そのうち「慈」は抜苦《ばっく》、「悲」は与楽《よらく》、あとは「喜徳《きとく》」と「捨徳《しゃとく》」です。つまり、人の苦しみを除き、楽を与え、人々の喜びを自分の喜びとし、人々を自由にしてあげる、執着を捨てる。人間は、そういう心を理想として精進すべきだという考えは、昔から仏教では説かれてきた。でも、よく考えてみると、これはエンパシーのことなんです。

エンパシーというのは、もともと十九世紀にドイツで作られた言葉「einfuhlung」から来ています。そこから多少変化させて英語の「empathy」が二十世紀に入ってできた。つまり、比較的最近の造語なんです。しかし、東洋の文化においては昔から説かれていて、造語しなくてもきちんとした成句がある。つまり、東洋の我々の間には、エンパシーを「良し」とする伝統があるのです。これを我々は、人間だけに行うのではなく、自然をも対象にして積極的に行っていくべきだと、私は講習会で訴えています。だから、ここで問題になるのは、その「四無量心を行じる生き方」がエントロピーを下げることに繋がるのかどうか、廃棄物や二酸化炭素を出さない生き方に繋がるのかどうか、ということです。

私はこれから皆さんと一緒に考えながら、この問いへの答えは「イエス（そのとおり）」だということを申し上げたいのです。

## 自然界からのフィードバック

これから話すことは、「我々が四無量心を自然に対して行じることは、今日の人類最大の問題を解決する最も基本的な態度になる」ということであります。

また図を使います。行為者と対象という言葉が出てきました（**図7**）。カタカナの言葉がいろいろ出てくるので申し訳ないですが、もう一つフィードバック（feedback）という言葉も使います。英語のできる方はすでにご存じですが、フィード（feed）というのは動物などに「餌《えさ》を与える」という意味です。動詞です。それに、「もどる」という意味のバック（back）を付けたのがフィードバックです。犬にえさを与えたら、犬は尻尾を振って喜んでくれる。これが、犬からフィードバックを受けるということです。

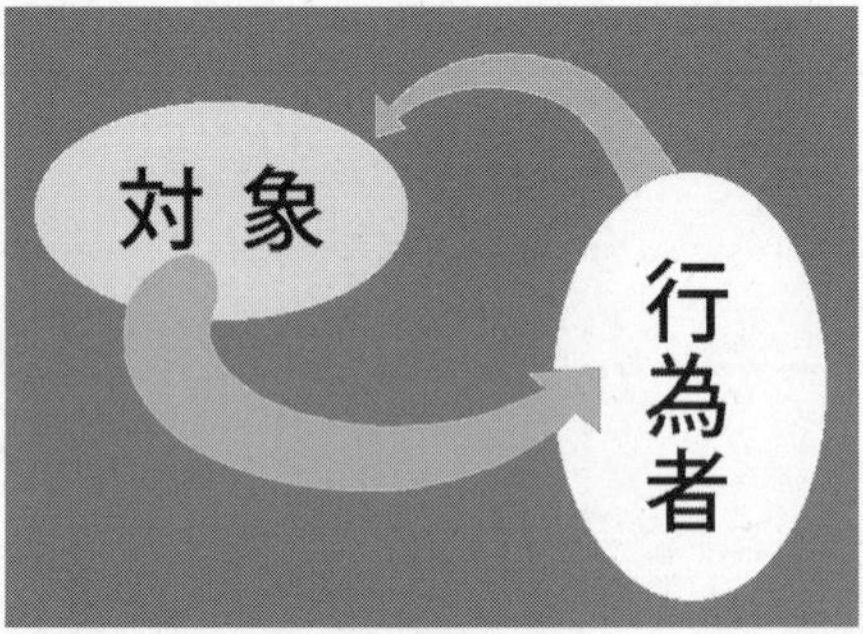

**図7**

我々は一人の行為者として、常に何かの対象に面していると考えられます。今、皆さんはどうでしょう？　講話を聞いていますから、面している対象は「谷口」という私になるでしょうか。私にとっては、自分が行為者であり、皆さんが対象である。そのとき、我々は「関係をもつ」と言えます。何事もそうですね。行為者が対象に向かって何かをすると（図7矢印上）、対象からも何かが返ってくる（図7矢印下）。これは当たり前のことです。これがないと、コミュニケーションは断絶している。これを、私たちは自然界に対してもやっているのであります。

また私のブログからの引用になりますが、これから私の体験談を二つ、お話しします。最初は、私が二〇〇一年十一月七日に書いたブログからの引用であります。これには「薪《まき》づくり」という題がついていまして、舞台は私の山荘の小屋です。（図8）

図8

二〇〇一年では、まだ山荘ができたばかりのときの写真です。十一月七日ですから、もうそろそろ寒い時季です。山荘は一二〇〇メートルの標高にあるので、朝晩は薪を焚《た》かないといけない。しかし、周りに薪はない。作らなければいけないということで、私は倒れたクリの木にノコギリをかけて薪を作りました。そのときの体験談をブログに書きました。そこから読みます。

チェーンソーがあれば、わけのない作業だろう。しかし、それがない今は、持っている普通のノコギリでカットするほかはない。

その時、私の手元には、高校の技術家庭の時間で使うような、金属部が三〇～四〇センチの長さの普通のノコギリしかなかったので、それを使ったわけです。

低くなった太陽の光を背に受けながら、午後五時ごろからノコギリを引きはじめ、小一時間かけて二十五本の薪をつくった。チェーンソーがあれば十分ぐらいでできるだろう。そんなことが頭をよぎった。が、思い直して、さわやかなクリの木の香りを嗅ぎつつ、全身を使ってノコギリを引く作業に熱中した。そして、その原始的な手ごたえを味わいながら、こんなことを考えた。

――自分は今、このクリという植物が何年もかけて大気中から収集した炭素の固まりを切っている。燃やして暖をとるためだ。これと同じことを大規模にやれば、森林破壊となり、温暖化が深刻化する。しかし暖をとらねば、人間が0℃の夜を無事に過ごすことは困難だ。だから、せめて森の〝余剰分〟と思われる倒木だけを利用させてもらう。量的には、それで十分だ。それに、手引きのノコギリを使えば、一回にちょうどそれぐらいの量しか薪は作れない。チェーンソーがあったら、どうだったろうか？　作業効率はグンと上がるから、必要以上に薪をつくってしまうか、あるいは作業を短時間ですませて家にもどれる。楽な作業かもしれないが、そんな時、このクリの木の一生のことを考えるだろうか？　節を避けて木を切るために、木の表面をよく観察するだろうか？　クリの木肌に注意したり、香りをじっくり味わうだろうか？

チェーンソーというのはノコギリよりはるかに強力で、何でも切ってしまいますからね。手引きのノコギリではなかなか切れないような木の節でも、わけなく切ることができるのです。

――そんなことを考えてみると、不便さや苦労の中には、効率とは別の価値がしっかり詰まっているのだと思った。

（『小閑雑感 Part 2』、一七九～一八〇頁）

これは、だいぶ前に書いた私の感想です。都会生活というものは効率優先だという話をさっきしましたが、〝それ以外の価値〟とは具体的に何であるかが、ここに例示されています。

図９

説明のために、マンガを描きました（図９）。先ほど申し上げた「行為者と対象」の関係を思い出してください。私がクリの木を対象として眺めたときに、「あ、倒木だから薪にしよう」と思います（図10）。そしてアクションを起こすわけですね。これに対してクリの木からは、何かが返ってくる。リアクションがあります。例えば、ノコギリで引けば木の香が立ち上ってくるし、木肌をよく見て、あまり固い節みたいなところにはノコギリを入れないで避けて切ろうと思います。すると、木の表面を観察することになるし、「固さ」のことも考えるし、「重さ」のことも考えるし、「節」のことも考える。もしかしたら切り口から「虫」が顔を出しているかもしれない。そんな時には、幹の内部にいる幼虫や卵のことを考える。何の幼虫であり、何年間この木の中にいるのだろうか……とか。そんなことを考えながら、より深くこの木と対面することになります。(図11)

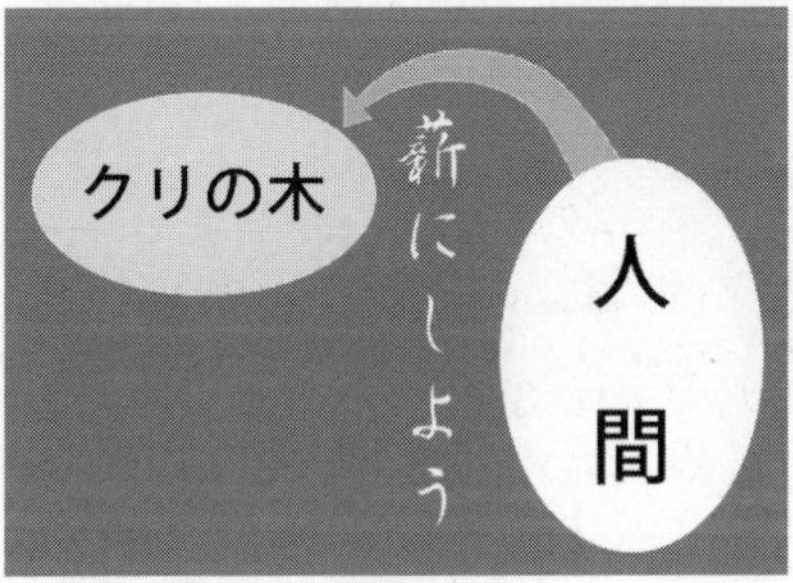

図 10

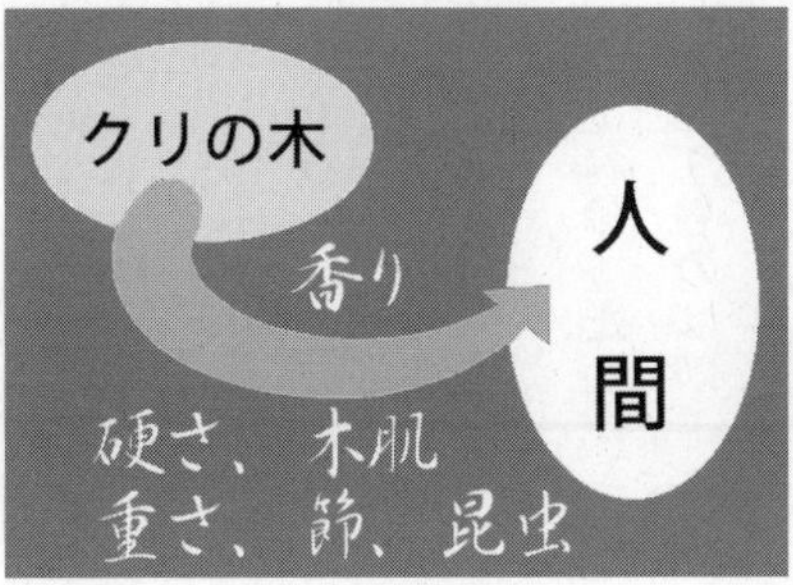

図 11

これが、自然界からフィードバックを受けるということであります。私がここで申し上げたいのは、チェーンソーを使ったら、少々のフィードバックはあっても、これほどいろいろ木について考え、また観察することはないということです。

## 効率とは別の価値

もう一つの体験を申し上げます。これは、比較的最近の体験談で昨年の六月四日に、今度は夏ですけれど、山荘の庭の芝刈りをしたという話です。芝刈りなんか、普通は体験談にするほどのことはないかもしれない。しかし、私はそうしたのです。そのときの文章を読みます。

それでも三日の午前中に（これは六月四日に書いていますから、前日の話ですね）、庭の草刈りをする時間ができた（それまでは原稿を書いていたのです。だから、ちょっと暇ができたので草刈りをしました）。標高一二〇〇メートルの山荘の環境では、東京より季節回りが一カ月ほど遅く、五月初めの気候である。それでも、西洋芝が二〇～三〇センチの高さに不揃いで伸びた様子が、見苦しかったのだ。

これは、私の庭でも何でもないです（図12）。こんな広いところではないです。写っているのは、どこかの施設です。向こうに牛小屋か何かがありますけれども、芝生というのはこういうものだというのを見ていただくために、ダミーでご覧に入れています。

図12

草刈り鋏《ばさみ》で一時間ほどかけて刈っているあいだ、近くの山でカッコウがずっと鳴き続けていた。鳴き声に大小の変化がなかったから、恐らく一羽が一カ所にとどまったまま鳴いていたのだ。その合間に、ホトトギスの声も聞こえた。私は、どちらの鳥の声も耳に心地よく響くことに気づき、楽しみながら聞いていた。が、三十分も過ぎてから、ハタと思い当たることがあった。それは、彼らが何のために鳴いているかということだった。普通、鳥が鳴くのは雌鳥を呼ぶためということになっている。一種の〝求愛〟行動だ。しかし、同じ場所で三十分も相手を呼び続けていて、退屈することはないのか、と思った。

余計なことを考えてますね。(笑い)

人間だったら、デートの待ち合わせ場所に相手が三十分も来ない場合、怒って帰る人もいるだろう。しかし、カッコウには「待ち合わせ場所」などないだろうに、一カ所で三十分以上鳴いていて効果がなければ、別の場所へ行くという選択をしないのか……私はそれが不思議だった。

私はカッコウにエンパシーを感じていたのだ。

こんなふうにして、鳥の身になって考えたというわけです。(笑い)

つまり、芝刈り中の私は、同じ場所で同じことをひたすら繰り返すという意味で、カッコウと同じことをしていたから、彼の〝心〟(そんなものがあるとしたら…)を慮《おもんぱか》ったのだ。草刈りや芝刈りは単純労働だから、退屈と言えば退屈である。しかし、伸びた芝が鋏で刈られる時の〝音〟と両腕に伝わる〝歯ごたえ〟が心地よい。また、見苦しかった芝生の表面がスッキリしていくのを見るのは、一種の快感である。芝刈りのような単純反復運動を人間が継続することができるのは、恐らく、こういう感覚上の〝ご褒美〟があるからに違いない。それならば、相手がいつまでたっても現れない中で、カッコウが雌鳥目当てに延々と鳴き続ける理由は何だろうか? 私はその時、鳥は「鳴くこと自体」に楽しさや快感を覚えているのだ、と思った。歌手は歌うことに快感を覚え、演奏家は演奏すること自体が喜びである。鳥が鳴くことにも、これと似た動機があっても不思議ではない。そう考えたとき、どこか寂しげに聞こえていたカッコウの鳴き声が、急に喜びの歌のように聞こえてくるのだった。

(『小閑雑感 Part19』、一一六～一一八頁)

こういう考えをもったわけです。（拍手）

私が何を言いたいか分かりますか？　つまり、芝刈りをするにはいろいろな方法がありますが、私はこの原始的な芝刈り鋏を使ってカチカチカチカチやっていたわけですよ（図13）。そうしたら一時間かかる仕事でした。自分の狭い庭でもね、芝刈り鋏では大仕事でした。しかし、世の中にはいろいろな文明の利器がありますから、別のやり方でもできるわけです。

例えば、私がこういう芝刈り機を買ったとします（図14）。そうしたら、たぶん十分程度ガーッと芝生の上を転がしてやれば、当初の目的は達成することができる。し

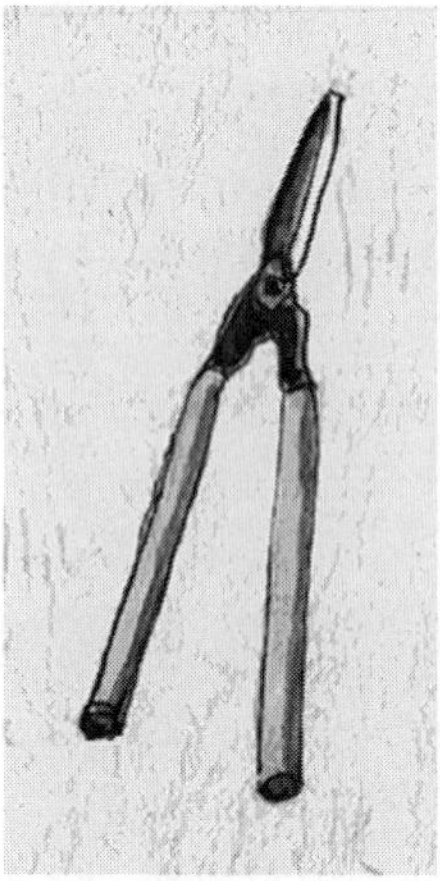

図 13

図 14

かし、仮にそうした場合、その途中ではたしてカッコウの声に気がつくだろうか？　カッコウにエンパシーを感じて妙なブログを書くだろうか？　たぶん書きません。単純で、簡単な仕事だと感じるでしょうから、それについて深く考えることもないと思います。

ところで、芝刈り機を使う以外に、もっと効率よく芝刈りをする方法はないでしょうか？　多少コストはかかりますが、効率最優先でできる方法は、これを使うことです（図15）。人を雇って、芝刈り機を持たせて、「僕は原稿を書いているから、その間に芝を刈っておいてください」と頼めばいいのです。そうすると、私は時間のロスがまったくなく、自分の仕事に集中していられます。しかも、この芝刈り人にも仕事が与えられる。そうですよね？　では、そういう効率を得る代わりに、何が犠牲になっているでしょう。分かりますか？　考えてみましょう。

図15

図16

図17

芝刈りをする場合、この三つの手段（図16）のどれでも、採用することができるとします。効率の良さから考えてみるならば、これ（日雇い人夫）が最も効率がいい——人に頼んでお金だけ払えばいいからです。これ（芝刈り機）はその次で、これ（芝刈り鋏）は最も効率が悪いということになります。

では、コスト面はどうでしょうか？（図17）芝刈り鋏は、一般に芝刈り機より安いです。だからコスト面では、こちら（芝刈り鋏）が最も安く、次に芝刈り機。人を雇うのが最もハイコストです。ということは、効率のいい方法はハイコストだということです。

それから、大切なのはフィードバックです（図18）。「芝を刈る」という作業から我々が受け取るフィードバックは、どの方法を使うと最大になるでしょうか？ 人に頼んだら、ほとんどゼロだと思います。自分は庭にも出ないかもしれない。カッコウの声も聞かないし、草の匂いも嗅がないし、芝生にはきっと虫がいますから、虫がピョンピョン跳ねるのを見ることもできないし、この高地にどれだけの種

図18

図19

類の虫がいるかも知ることはできないから、フィードバックはとても少ない。フィードバックが一番多いのは、これ（芝刈り鋏）ではないでしょうか。その代わり効率が悪く、労働としては大変である。これら両者の中間にあるのが、「芝刈り機」です。こういうふうに、私たちは今、いろいろな手段を選ぶことができる。

そして、ここで重要なのは「エントロピーを下げる」ということです。このためにはどうしたらいいか？　これはエネルギーの消費量を考えればいいのです（図19）。エネルギー消費が一番少ないのは、恐らくこれ（芝刈り鋏）です。効率は悪いので体は疲れ、肉体のエネルギーは消費されますが、それでも一人の人間が疲れるだけです。しかし、これ（芝刈り機）は大きいですから、注文して買った場合には、自分の家に運んでくるために、自動車がいります。また、運送会社の人がその機械を自宅に届けてくれなければいけない。さらに、機械を倉庫から運んだり、しまったりするのに、芝刈り鋏より多くのエネルギーを使います。だから、これ（芝刈り機）は、こちら（芝刈り鋏）よりもエネルギーを消費することになる。さらに、作業を人に頼んだ場合は、その人（日雇い人夫）が自分の庭に来てくれるまでのエネルギーがいるし、食事を出した場合は、調理のためのエネルギー消費が発生する。コストの面でも、この人の時給に加えて交通費や食事代が加わるかもしれない。つまり、一般的に高コストの場合は、エネルギーもそれだけ多く使うことになります。

このようにして、我々が便利な（効率のいい）生活をしようとすると、必ずエネルギーの消費量が増え、その逆に、自然とのつながりや自然からのフィードバックの度合いは減ることになる。そのことを、今日は皆さんに気づいていただきたかったのです。

## 自然との一体感を深める生き方

先ほど「効率とは別の価値」の話をしました。それが何であるかをここで確認しましょう。それは、自然からのフィードバックが多く、エントロピーが少ないということです。もう少し分かりやすく言うと、「自然との一体感を深めて、物をムダにしない」ということです。そういう生き方は、しかし昔から人間がやってきたのですね。でも近代化、現代化、技術化、都市化に合わせて、棄ててきた生き方なのであります。

| | 自然 | 都会 |
|---|---|---|
| 判断の傾向 | 体験優先 | 効率優先 |
| 環境との距離 | 環境密着 | 環境遊離 |
| ものの見方 | 包容的 | 排他的 |
| エネルギーの増減 | 減エネ | 増エネ |

図20

これを今、回復する必要があります。

「自然」と「都会」での生活の特徴を、一覧表にまとめました（図20）。この講話の最初でご覧に入れた表と、少し違います。自然界を相手が、密接に関係しています。自然界を相手にして生きていくことと、都会の中で生活することの違いについて、「判断の傾向」「環境との距離」「ものの見方」「エネルギーの増減」を比較しています。

私たちが自然に近い生き方をしている場合には、我々の「判断」は体験を重視する傾向になる。つまり、自分の実感優先です。クリの匂いはこう、木の実はこういう時期にできる、こんな環境でキノコは生える……などのことは、文字情報で判断するのは難しい。我々は自然と触れ合いながら、体験や実感の中で判断するほかはない。しかし、都会に生きる場合は、「欲望を効率よくかなえる」ことが優先されますから、自然との接点はなくなっていく。私たちは夏にリンゴを食べ、真冬にイチゴを食べても何も不思議に思わない。ほしい物がほしい時に効率的に手に入ることが〝当たり前〟である。しかし、そのためにはエネルギーを大量に使って、温室で作物を育てたり、冷蔵庫やエアコンを使う。また、熱帯地域や季節が逆の南半球の国から輸入している。こうして、都会では「ほしい」と思ったものがすぐに目の前にあるのです。そういう効率のいい都会生活に浸っていると、その状態が当たり前で「よい」ということになり、さらには「そうしなければオカシイ」という感覚になる。こうして我々は、ますます自然から乖離《かいり》していくことになります。

次に「環境との距離」について考えましょう。自然に近ければ環境密着型――これは当然そうなりますね。一方、都会人の生活は環境からどんどんどん遊離していって、例えば季節感が分からなくなってしまう。また、ほしいものは何でも手に入り、買うことができるし、味わうこともできるけれども、しかし、それが可能なのは、実は都会に住む我々自身が、エネルギーを浪費する地球環境に有害な生き方をしているからだ、という事実に気がつかないことが多い。

「ものの見方」にも、自然と都会では違いが生じるでしょう。自然界で生きている人は包容的な観点をもちやすい。私は、芝刈りをしながらカッコウやホトトギスのことを考え、さらに自然全体のことへ想いが向かいました。しかし、都会の人は、一般に排他的な見方に陥りやすいでしょう。つまり、自分以外のものは皆、他人である。他人との関係はもちにくい、などと考える。都会では、狭い四角い部屋の中で皆が別々に「個人」として生きることが当然とされる。そうしないと、自分が何かをしたいと思った時に、したいことができない。ここにも欲望優先の考え方が顔を出します。また、社会においても、都会では「わが社」「この製品」「このブランド」というように、物事を細分化して、排他的な関係になりやすい。

それから、「エネルギーの増減」については、先ほど申した通り、自然に密着した生き方では、〝減エネ〟が特徴である。これは、「個人」のレベルでは逆に感じるかもしれませんね。つまり、田舎では、各人が自動車を持たなければ日常生活が不便で仕方がない。その意味では、自然の中での生活は〝増エネ〟になると考えるかもしれません。が、社会全体のインフラを考えると、事情は逆転します。都会の方が、明らかに多くのエネルギーを使っている。エネルギー需要は膨大であるため、ついに原発まで造って、それも都会には立地できないから遠い福島県まで行って、何基もの原子炉を造る。その電力を都会へ引いてきて、どんどん使う。

コンビニというのは、都会の産物です。そこへ行けば真夜中でも好きな物がほとんど買える。なぜそれが可能かといえば、電力の夜間料金が安いということが一つある。コンビニ店というのは、一つのシステムです。つまり、同じ品揃えをした多くの店が、共通の供給源から仕入れをしながら二十四時間営業をする。このためには、夜間料金が安いことが有利に働く。その夜間の電力供給源のほとんどは原子力発電所です。原発は、基本的に運転を止めることができないからです。だから、原子力発電所がなくなったら、コンビニもなくなるかもしれない。少なくとも、夜間営業はしないかもしれない。また、夜間も電気を使い続けるものには、自動販売機があります。これも原発の恩恵を得て存在している。こう考えていくと、都会の便利な生活を支えているのが原発だということが分かります。だから、原発を廃止すれば不便になる……そう思う人が多いかもしれない。しかし、私は、今回の事故を契機にして、我々は原発の要不要と同時に、自分のライフスタイルを選択すべき時期に来ていると思うのです。

日本社会はこのままここ（**図20右側**）へ進んでいくべきなのでしょうか？　原発をどんどん増設して、経済活動を盛んにすれば、それによって国は良くなる——これが今までの考え方です。経済が豊かになれば、皆が幸せになる——本当でしょうか？　私たちは幸せになっていますか？　自殺者の数は減らないし、人々は都会生活で孤独を味わっていて「孤死」という言葉もできた。孤独に死んでいく人たちのことです。そういう都市環境をどんどん増やして、排他的な生き方を推進していくのが人類のこれからのあるべき姿ですか？　日本だけではありません。これから、中国もインドもブラジルもロシアもどんどん経済発展をして、都会を増やしていくことになるでしょう。それが本当に「人類の進歩」なのでしょうか？　そういうことを考えるのに、今回の津波と原発事故の経験は、我々に良い機会を与えてくれていると思います。

人間は「都会」とそれにまつわる様々な営みを捨てることはできないと思います。私は、「都会を捨てて自然に帰れ」という単純なことを言っているのではありません。私が申し上げたいのは、今はあまりにもこの〝都会的要素〟が過剰なのです。自分の地域で使うだけのエネルギーが作れないのだったら、足りない分のエネルギーは余所《よそ》から持ってくることを考えずに、使わないことにするか、あるいはその地の自然エネルギーをもっと利用することを考えるべきです。それによってコストが上昇するという人もいるが、原発事故や戦争や気候変動のコストはもっともっと大きいのです。そういう事態を未然に防ぐためのコスト高は、平和のためのコストです。二十一世紀の今日は、国の安全保障は防衛力だけでは実現できません。そういう視点をもち、もっとこちら（**図20左側**）の「自然」に近い生き方を進めていけばいいのです。こちらにも十分幸せはあるし、ここにしかない幸せを人類は今、必要としているのではないでしょうか。そういう方向を目指した人々の運動が今徐々に始まっています。これは先ほど妻の講話の中にもありました。自然を見直して、自然と一体化して、都会の忙しい生活に「ＮＯ」と言う生活をする雑誌とか、団体とか、人々の集まりもどんどんできています。原発が止まっている今は、そういう方向への軌道修正のために一番よい時期なのであります。

自然と一体の生活をすることで幸福が増進するということは十分可能です。都会生活に慣れ親しんでいる人は、人間が自然の一部であるということを忘れかけている。自然の中にあるのが、本当の人間の生き方だと教える宗教はたくさんあります。特に、日本の文化的伝統においては、自然と一体の生活が称揚されてきました。中国や朝鮮にもその伝統はあります。しかし、西洋社会では、そういうものが一時はあったが、産業革命以降はどんどん別の方向に進んでいった。その西洋の生き方が〝強者〟の生き方だから、それでいいと考えて、私たち日本人は明治維新以降ずっとそれに従ってきた。そして、戦後はいろいろな西洋の国を抜いて、ついにアメリカの次の二番目になって、それで栄え、幸福であるはずだった。そんなところに今回のことが起こった。ちょうど冷水を浴びせられた形です。もう少しきちんと、私たちの生き方や国や地球の将来のことを考え直そう。そういう時期に来ているのであります。

## 〝めんどくさい〟が世界を救う

――谷口雅春先生のお祈りの言葉が書いてある『聖経版　真理の吟唱』が、今日のテキストになっています。そのおしまいの方に「地上天国を実現するための祈り」というのがあります。最後にこれを、皆さんと一緒に味わいながら読んでみたいと思うのであります。ここに我々の今回の震災と原発事故、それから今後どのように生きていくべきかの指針が書かれている――そう感じるお祈りの言葉であります。二九四頁にあります。

地上天国を実現するための祈り

神は宇宙に満つる言葉であり給う。言葉とは生命の律動であり、生命の表現であるのである。それは一種の心の波であり、テレビの放送電波のごとく波動である。テレビの放送番組は電波で行なわれ、電波が形にあらわれて、テレビ・セットの画面上の映像となるのである。神の生命の表現であるところの言葉は、電波ではなくして霊波である。すなわち神の生命の波動が霊波となってわれわれに送られてきているのであり、それを受像してわれわれ自身の環境・境遇・運命として現象面上にそれを具体化するのである。

テレビの画面がピンボケのようになって完全な姿があらわれないのは、セットの波長が放送の波長とピッタリ合わないためなのである。

ここにあるのが、我々が今直面している現象です。今日本で起こっていること、世界で起こっていることが、ピンボケである。神様の御心とは思えない。それは、我々の心の波長が神の波長に合っていない――。

またアンテナが放送局の方に完全に向いていないこともある。それと同じく現象界に、実相世界の天国浄土的な完全円満な姿があらわれてこないのは、われわれの心のアンテナが神様の方向に完全に向いていず、また浮世《うきよ》のいろいろの問題に心が煩《わずら》わされて、神様の清純聖潔な霊波に波長があわなくなっているからなのである。

原発を止めたら仕事がなくなるとか、便利な生活ができないとかいうのは、浮き世のいろいろの問題です。それだけを考えていてはいけない……そういうことです。

したがって浮世の問題そのものに引っかかって目前の利益を追求すればするほど神様の霊波に波長が合わなくなり、心の悟りが得られないのはもちろん、現象的利益もかえって得られなくなり、齷齪《あくせく》してついに自分の運命が崩れてしまうのは、あたかもテレビの画像が崩れて波に化してしまうのに似ているのである。これはまことに残念なことなのである。

（同書、二九四〜二九五頁）

神様は自然界を創造されて、それを私たちに与えてくださっていて、そこにはいろいろなレッスンも一緒に組み込まれていて、私たちはそれを勉強している最中です。

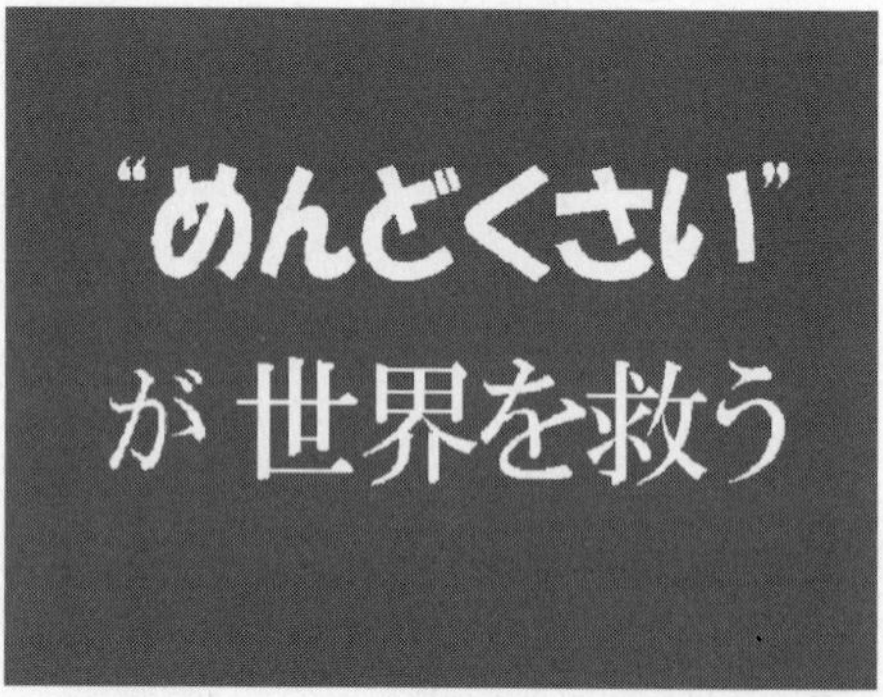


図21

そのときに私たちの「効率優先」の考え方は、ここにあるように排他的であって自己中心的なわけです。効率優先で環境から離れていくことは、神様の御心とは違う。むしろ我々はもっと〃めんどくさい〃ことに価値を見出《みいだ》すべきです。

今日は、皆さんにこれを言いたかったのです。「〃めんどくさい〃が世界を救う」（図21）（笑い、拍手）のです。去年の広告で賞を獲ったものに「買い物は世界を救う」というのがありました。私はブログでそれを批判しましたが、批判するだけではいけませんから、その対抗馬として、私はこれを皆さんに訴えたい――「〃めんどくさい〃が世界を救う」のです。

これは、めんどくさいことをきちんとやろう、というだけではありません。めんどくさいという語は「めんどうな」という形容詞から来ていますが、この語の語源を辿ると、昔の雅《みやび》言葉の中の「めだうな」に行きつくという説があります。その言葉が訛《なま》って「めんだうな」になったと言われます（図22）。「めだうな」の「め」は「目」に該当する。「だうな」というのは「使うことが惜しい」という意味をもっているそうです。だから「めだうな」というのは「目を使うことが惜しい」という意味になる。

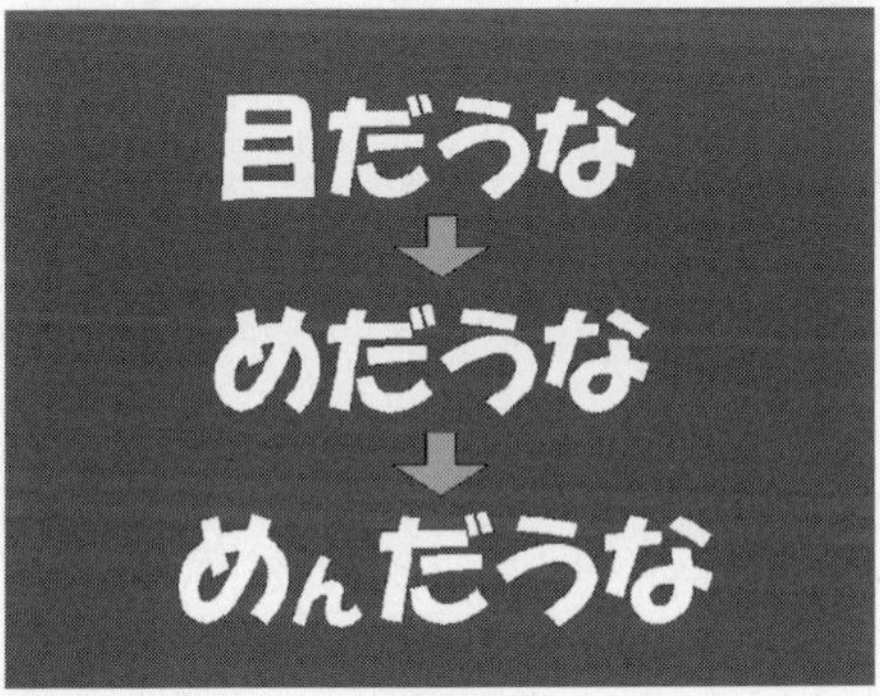

図22

これを意味的に解釈しますと「見るだけでも大変な」となる。糸が複雑に絡まり合っているような状態は「めだうな」なわけです。

つまり、物事をしっかりと見て大切にする。一つ一つのフィードバックをしっかり受け止める。自然と近い生き方の中では、これが要求されます。めんどくさいことの中に喜びを見出して、自然界から沢山のフィードバックを受けることで、自然との関係を楽しむ。そういう生き方は、これまで見てきたようにエネルギーの消費を減らし、しかも幸福を増進する生き方につながっていく。宗教的に言えば、そういう生き方が自然に対して「四無量心を行じる」ことになる。ここに、効率優先で物やエネルギーを浪費する生き方とは違う、〝自然と共に伸びる〟生き方がある——そのように考える次第であります。

皆さま方も今日の話を参考にして、「人間は神の子である」というだけでなく、自然と調和し、地球環境を傷つけずに生きることを心がけてください。それが、「実相を現象において表現する」という我々の使命です。神様は「大自然」を創造されたのであって、人間だけを創造されたのではない。人類だけが繁栄するというのは、神の御心ではないし、実相世界にはないことです。ですから、小さいことにも心を遣いながら自然界と共存する生き方を、それぞれの立場で開発し、実践してください。

それでは、これで私の話を終わらせていただきます。ご清聴ありがとうございました。（拍手）

# 第五章

# 自然との大調和と日本の新生を祈る

# 自然と人間の大調和を観ずる祈り

神の創造《つく》り給いし世界の実相は、自然と人間とが一体のものとして常に調和しているのである。自然は人間を支え、人間に表現手段を与え、人間に喜びを与えている。それに感謝し、人間は自然を愛《め》で、自然を養い、豊かならしめているのである。両者のあいだに断絶はなく、両者のあいだに争いはなく、両者のあいだには区別さえもないのである。

人間に表現手段を与えている肉体は、その周囲を構成する自然界と物質的成分は同一である。だから、人間は自然界から酸素を得て動力とし、水を飲んで潤滑油とし、食物を摂取《せっしゅ》して肉体を維持・成長させることができるのである。これらの物質の流れ、分子や原子の循環の奥に、神の知恵と愛と生命を観ずるものは幸いである。物質は結果であり、神が原因である。すべての存在が渾然《こんぜん》と調和し、支え合っているその実相を、神は「はなはだ良し」と宣言せられたのである。

その実相を見ず、「個」が実在であり、世界の中心であると見るのは迷妄である。「個人の損得」を中心にすえるとき、人間は自然との大調和を見失うのである。自然界に不足を見出《みいだ》し、自然界を障害と見なし、自然界を自己の支配下に置こうとして、自然界の機構を自己目的に改変し利用することは、愚かなことである。自然の一部を敵視して破壊することは、恥ずべきことである。それによって人間は自然との一体感を失い、自然治癒力を含めた自然の恩恵を自ら減衰《げんすい》させ、生き甲斐さえも失うのである。

人間が自然を敵視すれば、その迷い心の反映として、自然の側から〝敵〟として扱われるような事態が現れてくるのである。人間が山を削り、森を切り倒し、川を堰《せ》き止め、湖や海を埋め立てて、人間だけの繁栄を画策しても、それは神の御心ではない。それは神が「はなはだ良い」と宣言された実相世界とは似ても似つかない〝失敗作品〟である。実相でないものは、必ず破壊と滅亡を迎える時が来る。それは偽象《ぎしょう》の崩壊であり、業の自壊である。

しかし、これを〝神の怒り〟ととらえてはならない。広大な農地を破壊しながら猛スピードで突き進む津波を見て、神が怒りに燃えて破壊を進めていると考えてはならない。神は山を崩して海を埋め立て給わず。海岸に農地を作り給わず。工場を造り給わず。空港も、原子力発電所も造り給わず。それらすべては、人間が自己利益を考えて、動植物の絶滅を顧みずに行った行為である。日本列島やニュージーランド周辺で地震が起こるのは、太古から繰り返されている地殻変動の一部であり、決して異常事態ではない。それが異常事態に見えるのは、人間の視野が狭く、考える時間軸が短く、自己中心的だからである。

多くの生物を絶滅させ、自然の与え合い、支え合いの仕組みを破壊しておいて、人間だけが永遠に繁栄することはありえない。生物種は互いに助け合い、補い合い、与え合っていて初めて繁栄するのが、大調和の世界の構図である。それを認めず、他の生物種を〝道具〟と見、あるいは〝敵〟と見、さらには〝邪魔者〟と見てきた人間が、本来安定的な世界を不安定に改変しているのである。その〝失敗作品〟から学ぶことが必要である。

大地震は〝神の怒り〟にあらず、〝観世音菩薩の教え〟である。我々がいかに自然の与え合いの構図から恩恵を得てきたかが、それを失うことで実感させられる。我々がいかに人工の構築物を、田畑を、港を、道路を、送電線を、インターネットを築き上げても、自然界の精妙かつ膨大な仕組みとエネルギーを軽視し、蹂躙《じゅうりん》する愚《ぐ》を犯せば、文明生活は一瞬にして崩壊することを教えている。我々の本性である観世音菩薩は、「人間よもっと謙虚であれ」「自然の一部であることを自覚せよ」「自然と一体の自己を回復せよ」と教えているのである。

現象において不幸にして災害の犠牲となった人々を、〝神の怒り〟に触れたなどと考えてはならない。神は完全なる実相極楽浄土の創造者であるから、「怒る」必要はどこにもない。人類が深い迷妄から覚醒できず、自然界を破壊し続けることで地球温暖化や気候変動を止められないとき、何かが契機となって人々を眠りから醒《さ》ます必要がある。麻薬の陶酔に頼って作品をつくり続ける芸術家には、自分の作品の欠陥が自覚されない。そんなとき、「この作品は間違っている！」と強く訴える人が現れるのである。そんな〝内なる神の声〟を一人や二人が叫び続けてもなお、多くの人々に伝わらないとき、それを集団による合唱で訴える役割が必要になる――「この作品は描き直し、造り直す必要がある！」と。現象の不幸を表した人々は、そんな尊い役割を果たしている。これらの人々こそ、我々の良心であり、〝神の子〟の本性の代弁者であり、観世音菩薩である。

我らは今、この尊き観世音菩薩の教えを謙虚に聴き、心から感謝申し上げるとともに、神の創造《つく》り給いし世界の実相の表現に向かって、新たな決意をもって前進するのである。神さま、ありがとうございます。

（二〇一一年三月十七日）

# 新生日本の実現に邁進する祈り

国土再建の槌音《つちおと》が響いている。

現象の無秩序が消えて、秩序が現れつつある。それが生命本然の営みであるから、私たちは喜びを感じるのである。冬の枯れ野が眼前に広がるように見えても、土の中、樹木の幹の中、氷原の下層では、新たな息吹が始まっている。そのように、生命は常に無秩序を乗り越えて秩序を生み出し続けるのである。破壊と思われるものの背後で、建設が行われている。また、建設されたものの背後から破壊が始まるのである。表面の「現象」を見れば、世界は常に変化する。しかし、その変化の原因である生命は、常に活動し、生み出し、拡大している。それが生命の実相である。

日本はこれから新生するのである。物質的繁栄が人間と国家の目的であり、幸福の源泉だとする考えとは別の方向へ、人生と国とを進展させる時期が来たのである。物質が悪いのではない。物質の過剰が悪いのである。物品の山、食品の山の中に埋《うず》まって、そのどこかに〝宝〟があると探しているのでは〝本当の価値〟を見出すことはできない。〝本当の価値〟とは、物品や食品になる前のアイディアであり、さらにそれらアイディアの背後にある〝与える心〟〝愛《め》でる心〟〝慈《いつく》しむ心〟である。物質は、それらを表現するための手段に過ぎない。しかるにそれが手段であることを忘れ、物品や食品を至上目的とするところから〝奪う心〟〝妬《ねた》む心〟〝憎む心〟が生じるのである。

助け合いの中から、新たな富が生み出されている。

富は、他者《ひと》のためになる物や事があるところに生まれる。それが人間の心に認められたときに、金銭的な値段がつくのである。金銭的な価値は富の本質ではなく、人間の心が認めた度合いを示しているに過ぎない。その証拠に、自然界はそこに生きる生物にとってなくてならぬものだから、どの地点もそのままで価値がある。したがって、それら無数の地点が集まった全体は、無限価値を有している。山にある森は酸素を生み出し、生物を養い、川を流し、水を清め、海を豊かにしているが、人間がその価値をあまり認めないから、「山林」や「原野」は「宅地」より値段が低いのである。だから私たちは、もっと人や物や自然の価値を認めよう。認めて誉めることで、実相の豊かさを引きだそう。

神は無限の富を私たちの前にすでに与え給う。高い山、深い森、豊かな水、複雑な地形、変化に富んだ気候、そして多様な生物。人間社会は、それらに支えられて存在してきた。だから、それらを破壊することで、人間社会が豊かになるはずがないのである。人間社会は助け合いによって成立しており、個人一人で生きることができないように、人間は他の生物と助け合うことで豊かな生活を初めて実現できるのである。新たな富は「奪う」ことではなく、「与える」ことによって実現する。私たちはそれを人間社会の中だけでなく、自然界においても実践し、「本当の価値」を引き出し、豊かな自然と豊かな人の心とが共存する新生日本の建設に邁進するのである。
その機会を与えてくださった神様に、心から感謝申し上げます。
(二〇一一年四月十一日)

## 【初出一覧】

序　章　人類の欲望が生んだ気候変動と原発（書き下ろし）

第二章　大震災、原発事故の教訓

・歓喜への道（ブログ「小閑雑感」二〇一一年三月三十一日、四月一～二日）
・大震災の意味を問う（同欄二〇一一年四月十七～十九日、二〇〇五年十月十六日、二〇一一年五月二十二日）
・原発事故から何を学ぶべきか（同欄二〇〇六年六月二十四日、二〇一一年三月十九～二十日、十五日、二十四日、四月五日、五月三十～三十一日、六月二日）
・〝新しい文明〟の構築へ（同欄二〇一一年四月二十一日、五月二十六～二十八日、二月十八～十九日、七月八日）

第三章　自然と共に伸びるために

・万物に感謝する生き方をひろげよう（『聖使命』二〇一一年六月一日号）
・日時計主義は新文明の基礎（『生長の家』二〇一一年九月号）
・大震災のメッセージを聴く（『生長の家』二〇一一年十一月号）

・死もまた教化する（『生長の家』二〇一一年十二月号）
・原子力エネルギーの利用をやめよう（英語講演二〇一一年八月七日）

第四章　現代文明転換への視点
・「自然を愛する」ことの本当の意味（『生長の家』二〇一〇年八月号）
・〝めんどくさい〟が世界を救う（『生長の家』二〇一一年八月号）

第五章　自然との大調和と日本の新生を祈る
・自然と人間の大調和を観ずる祈り（『生長の家』二〇一一年六月号）
・新生日本の実現に邁進する祈り（『生長の家』二〇一一年七月号）

初出一覧

## 【参考文献】

○小出裕章著『原発はいらない』（幻冬舎ルネッサンス新書、二〇一一年）
○小出裕章著『小出裕章が答える原発と放射能』（河出書房新社、二〇一一年）
○佐藤栄佐久著『福島原発の真実』（平凡社新書、二〇一一年）
○開沼博著『「フクシマ」論──原子力ムラはなぜ生まれたのか』（青土社、二〇一一年）
○谷口清超著『歓喜への道──二十一世紀のために』（日本教文社、一九九二年）
○谷口清超著『新しいチャンスのとき』（日本教文社、二〇〇二年）
○寒川旭著『地震の日本史──大地は何を語るのか』（中公新書、二〇一一年）
○松原泰道著『「観音」のこころ──いま、智慧と慈悲を生きる』（かんき出版、一九九六年）
○『世界大百科事典』（平凡社、一九八八年）
○谷口輝子著『めざめゆく魂』（日本教文社、一九六九年）
○谷口雅春、F・ホルムス共著『信仰の科學──正しき信仰への科学的方法』（日本教文社、一九七二年）
○Fenwicke L. Holmes and Masaharu Taniguchi, *The Science of Faith: How to Make Yourself Believe* (Tokyo: Nippon Kyobun-sha, 1962).
○谷口雅春著『新版 善と福との実現』（日本教文社、二〇〇七年）
○谷口雅春著『新版 詳説 神想観』（日本教文社、二〇〇四年）

○ Jeremy Rifkin, *The Empathic Civilization: The Race to Global Consciousness in a World in Crisis* (New York: Jeremy P. Tarcher/Penguin, 2009).
○マルコ・イアコボーニ著／塩原通緒訳『ミラーニューロンの発見――「物まね細胞」が明かす驚きの脳科学』（ハヤカワ新書juice、二〇〇九年）
○谷口雅春著『聖経版 真理の吟唱』（日本教文社、一九七二年）
○ Michael I. Posner, Marcus E. Raichle, *Images of Mind* (New York: Scientific American Library,1994).
○I・マテ－ブランコ著／岡達治訳『無意識の思考――心的世界の基底と臨床の空間』（新曜社、二〇〇四年）
○中沢新一著『対称性人類学』（講談社、二〇〇四年）

次世代《じせだい》への決断《けつだん》
宗教者が"脱原発"を決めた理由

2012年3月1日　初版第1刷発行

著　者　谷《たに》口《ぐち》雅《まさ》宣《のぶ》
発行者　磯部和男
発行所　宗教法人「生長の家」
東京都渋谷区神宮前1丁目23番30号
電　話　(03) 3401-0131　http://www.jp.seicho-no-ie.org/
発売元　株式会社　日本教文社
東京都港区赤坂9丁目6番44号
電　話　(03) 3401-9111
ＦＡＸ　(03) 3401-9139
頒布所　財団法人　世界聖典普及協会
東京都港区赤坂9丁目6番33号
電　話　(03) 3403-1501
ＦＡＸ　(03) 3403-8439
印　刷　東港出版印刷
製　本　牧製本印刷
装　幀　Ｊ－ＡＲＴ

本書の益金の一部は森林の再生を目的とした活動に寄付されます。
本書（本文）は古紙約70％に循環型の植林木約30％を配合した無塩素漂白の用紙を使用しています。

落丁・乱丁本はお取替えします。
定価はカバーに表示してあります。

ISBN978-4-531-05907-2